Grandes civilizações do passado

TERRA DE FARAÓS

Grandes civilizações do passado

TERRA DE FARAÓS

folio

Título original:
Egypt: Land of the Pharaohs

Edição Brasil:
Direção: José Luis Sánchez,
Meritxell Almarza
Tradução: Francisco Manhães
Revisão: Raquel Grillo,
Meritxell Almarza, Rodrigo Azevedo
Diagramação: Daniela Barreira

Revisão científica: David O'Connor,
Dennis Forbes, Mark Lehner

Rambla de Catalunya,135
08008 Barcelona

ISBN: 978-84-413-2534-0

D.L.: B. 46955-2007

Printed in Spain

SUMÁRIO

As pirâmides de Gizé perfuram as brumas matutinas e apresentam seus eternos perfis ao novo dia. "Foram contemporâneas de impérios perdidos — escreveu o autor francês Théophile Gautier. Viram civilizações que nós nunca conhecemos, compreenderam línguas que tentamos adivinhar através dos hieróglifos, conheceram costumes que para nós parecem tão extraordinários como um sonho. Estão aqui há tanto tempo que até mesmo as estrelas mudaram de lugar no céu."

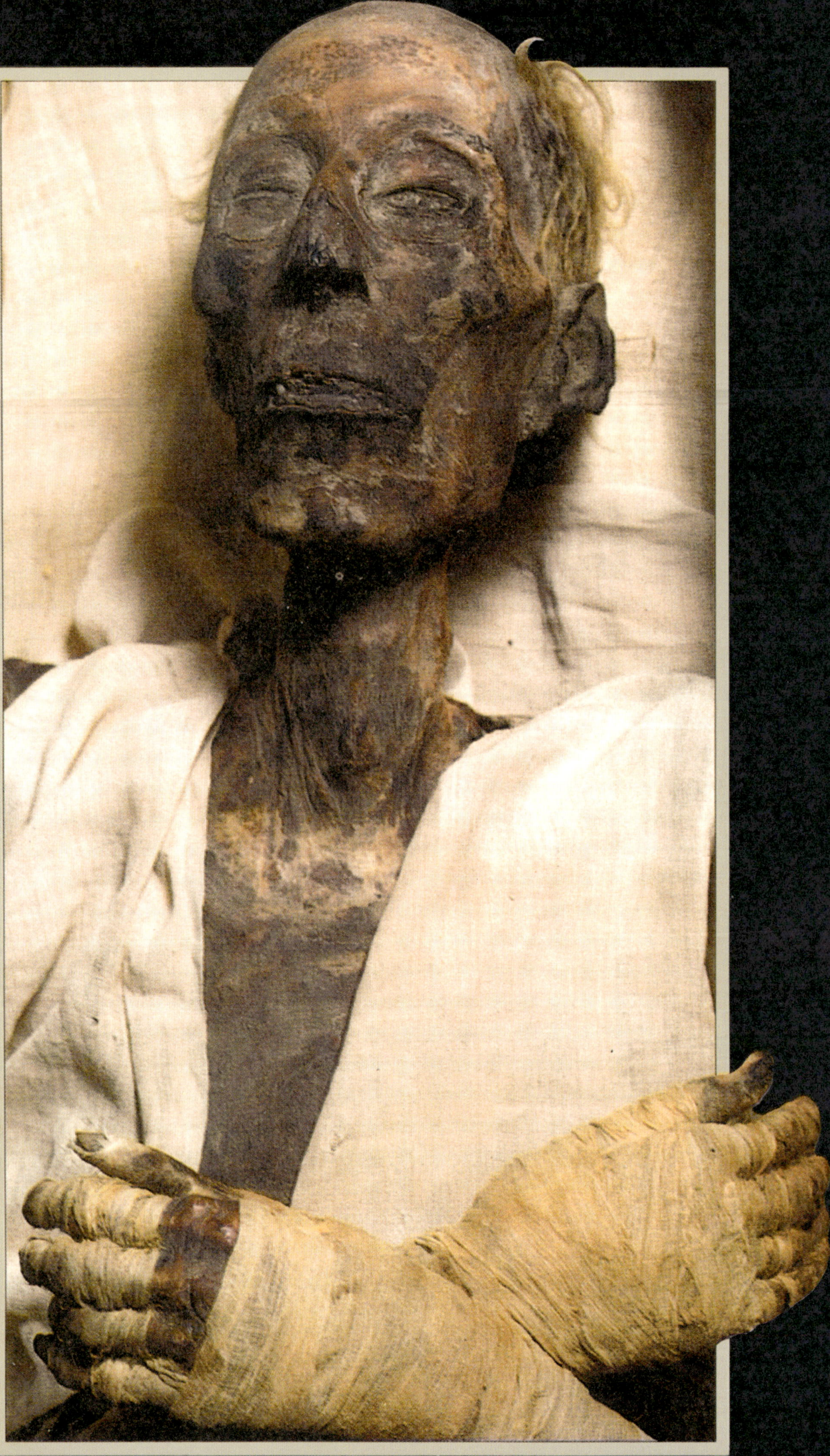

CAPÍTULO 1

MÚMIAS, TUMBAS E TESOUROS

Com os braços cruzados sobre o peito na postura dos mortos reais egípcios, a múmia de Ramsés II, com seus 3.000 anos de antigüidade, enfrenta a era moderna com a serena impavidez de quem conhece a eternidade.

Um dos grandes monumentos do antigo Egito — e um dos mais estudados — é o templo de Lúxor, com seus 3.400 anos de antigüidade, a 720 quilômetros do Cairo, Nilo acima. Após décadas de minucioso estudo por parte de arqueólogos e pesquisadores de todo o mundo, o lugar já parecia exaurido de todos os ângulos e perspectivas. O único desafio importante continuava sendo proteger o templo dos estragos da civilização moderna. Em 1989, inspetores da Organização de Antigüidades Egípcias (*Egyptian Antiquities Organization* – EAO), preocupados de que as infiltrações do sistema de desaguamento de Lúxor e do Nilo pudessem estar ameaçando as fundações do monumento, pegaram amostras do solo para determinar a gravidade do problema. Os trabalhadores tinham cavado apenas pouco mais de um metro no pátio do templo quando revelaram uma estátua deitada de lado; logo desenterraram duas outras.

Os inspetores perceberam que acabavam de fazer uma descoberta importante e cobriram de novo o buraco enquanto aguardavam instruções de seu quartel-general do Cairo sobre como agir. A EAO encarregou o diretor de antigüidades de Lúxor das escavações, e deu prosseguimento ao trabalho. Logo os empolgados operários tinham desenterrado 21 figuras adicionais, todas elas em excelentes condições. Entre elas havia uma magnífica figura de pé de 2,5 m de altura. A Roseta revelava que a estátua era nada menos que de Amenhotep (Amenófis) III, o rei que tinha construído o templo e reinado durante os anos 1391-1353 a.C. quando o poder egípcio, após alcançar seu auge, tinha se estendido todo o percurso do Sudão de hoje até o moderno Iraque.

Após examinar a estátua do rei, os especialistas manifestaram-se qualificando a obra como uma das mais valiosas esculturas individuais que já tinham sido recuperadas do solo egípcio. Alguns foram ainda mais longe, declarando que o descobrimento das 24 obras-primas, que datavam da época de ouro do Egito, equiparava-se em importância arqueológica ao descobrimento da tumba de Tutancâmon (Tut-Ankh-Amón) 67 anos antes. Ninguém é capaz de dizer como foram enterradas as estátuas no pátio. Uma teoria afirma que no século IV d.C. os sacerdotes do lugar tentaram escondê-las dos romanos que tinham convertido o recinto do templo num acampamento militar. Se foi isso o que aconteceu, é possível que existam ali perto outros objetos enterrados, aguardando ser descobertos.

Dos úmidos pântanos do delta norte até as áridas extensões do sul, o Egito é um lugar onde, como observou um arqueólogo contemporâneo, "não é possível enfiar a pá no chão sem encontrar algo". Esta grande casa do tesouro do país atraiu curiosos durante séculos. Entre eles houve muitos que tentaram enriquecer saqueando o passado. Outros se faziam passar por arqueólogos, mas segundo os padrões rígidos de hoje não passavam de meros amadores. Os piores deles atrapalharam mais do que ajudaram em sua pressa ávida de limpar uma tumba ou um templo, destruindo valiosas evidências que poderiam ter ajudado a resolver muitos dos enigmas ainda ligados aos objetos que enfiaram em caixas e enviaram para casa. Mas nos melhores casos os exploradores revelaram-se magníficos profissionais, amantes da história e muito respeitosos em relação à humanidade existente por trás de seus achados. Abriram as portas que se erguiam entre o Egito atual e o antigo, permitindo a todos aqueles que compartilham um fascínio pela antigüidade cruzar a espécie de espelho mágico de seu portal até o interior da intrigante terra dos faraós.

Boa parte do que o mundo primeiro constatou sobre os egípcios veio de uma primeira obsessão por suas tumbas. Graças à secura do ambiente da maior parte do território, estes locais funerários freqüentemente não apenas continham corpos que, em sua maior parte, sobreviveram intactos à passagem do tempo, como também foi encontrado com eles todo um conjunto de objetos que revelaram muito sobre esta civilização de milhares de anos atrás. Mesmo nas ocasiões nas quais uma localização funerária foi depredada por antigos ladrões de tumbas ou por modernos exploradores de tesouros, ainda é possível aprender muito do que ainda resta. Isto é algo que o arqueólogo Herbert Eustis Winlock, do Museu Metropolitano de Arte de Nova Iorque, iria aprender em 1920, enquanto trabalhava numa tumba de 4.000 anos de idade em Deir el Bahri, perto da cidade de Tebas desaparecida há muito tempo.

Mostrados tal como foram encontrados em 1920 e depois de novo em fotografias contemporâneas, os modelos de um barco e de um celeiro pertencentes a um funcionário da corte da XI Dinastia chamado Meketre oferecem um vislumbre da vida cotidiana no antigo Egito. Sob o dossel do barco senta-se o próprio Meketre, enquanto no celeiro os trabalhadores que cuidam de suas propriedades enchem recipientes com trigo ao mesmo tempo que os escribas, num cartório adjacente, registram as quantidades armazenadas.

Winlock sabia que a tumba fora explorada duas vezes antes, em 1895 e em 1902. Mas esperava que sua equipe pudesse descobrir algumas inscrições antes negligenciadas que relacionassem dois reis históricos à região. Sua consciência de arqueólogo o levou a fazer algo que seus predecessores não tinham feito: traçar um mapa dos corredores e poços, o que significava esvaziar a tumba. Embora sua equipe não tenha achado peças perdidas de esculturas, ou alguma outra evidência que pudesse ajudar a responder às perguntas históricas que tinha em mente, os corredores aparentemente vazios proporcionaram a Winlock, como ele mesmo disse, “uma das maiores descobertas dos últimos anos”.

A tumba, que em sua época tinha guardado a múmia de um funcionário da corte da XI Dinastia chamado Meketre, fora arrasada há muito tempo pelos ladrões e agora continha pouco mais que pedras quebradas e cascalho. A operação de limpeza estava quase concluída quando Harry Burton, o fotógrafo que acompanhava a expedição, entrou na tumba ao anoitecer para liberar os trabalhadores por aquele dia, e encontrou o ar “eletrificado com uma inquietação reprimida”. Um dos operários tinha se sobressaltado ao ver umas lascas de pedra deslizar e desaparecer por uma fenda entre o chão e a parede. Junto com o supervisor tinha começado a arranhar outros fragmentos de pedra que se amontoavam naquele lugar, alguns dos quais também escorregaram pela fresta. Burton acendeu um fósforo tentando iluminar a cavidade; evidentemente, uma iluminação tão fraca não bastava. Mas era tão impressionante a promessa do que podia estar escondido ali na escuridão que decidiu comunicar imediatamente os demais sobre a abertura. Escreveu um bilhete a seus colegas, pedindo que viessem imediatamente à tumba e trouxessem consigo lanternas.

Winlock, que acabava de voltar ao acampamento principal depois de trabalhar em outro lugar, recebeu com ceticismo a mensagem. De todo modo, ele e seu grupo foram dar uma olhada. "Não havia nada para ver — lembraria — exceto um buraco circular, mas quando um após o outro nos deitamos no chão e enfocamos um facho de luz no interior daquela abertura, uma das visões mais surpreendentes que jamais um escavador tenha tido a sorte de ver se mostrou diante de nossos olhos." Winlock viu-se "olhando o meio de uma infinidade de figuras de homenzinhos brilhantemente pintados que faziam isto e aquilo".

"Uma alta e esbelta moça olhou-me de volta com uma compostura perfeita — escreveu mais tarde. Pequenos homenzinhos com paus em suas mãos levantadas conduziam bois malhados; remeiros manejavam seus remos numa frota de barcos, enquanto uma embarcação parecia naufragar diretamente diante de meus olhos com sua proa precariamente equilibrada no ar. E todas aquelas idas e vindas aconteciam num silêncio sobrenatural, como se a distância ao longo dos 40 séculos através dos quais olhava fosse demasiado grande para que até mesmo um eco alcançasse meus ouvidos."

Caía a noite, de modo que Winlock e seus colegas não podiam fazer nada a não ser tampar a abertura e aguardar ansiosamente o amanhecer. No dia seguinte voltaram à tumba, carregados com as ferramentas que iriam precisar: instrumentos, pranchetas de desenho, refletores, espelhos. Burton dedicou-se a tirar fotos. Preparou um engenhoso sistema, usando espelhos para canalizar a luz do sol de fora da tumba ao longo dos 28 a 30 metros do corredor, onde a fez incidir sobre uma série de refletores a fim de iluminar a operação que se desenrolava.

Os homens estavam preocupados de que a corrente de ar fresco que entraria na diminuta câmara de paredes levemente aplainadas, que tinha permanecido lacrada durante 4.000 anos, fizesse que algumas das pedras soltas se desprendessem do teto e caíssem sobre as maravilhosas figuras e barcos. Foram retirando lentamente os obstáculos que se erguiam no caminho, entre eles uma parede de tijolos de barro; para seu alívio, o teto resistiu. Finalmente puderam lançar uma boa olhada para dentro. Não era uma câmara funerária, como imaginaram, mas sim "um pequeno aposento secreto" onde os parentes tinham instalado tudo que fosse essencial para outra vida feliz em proveito do sepultado Meketre.

UMA DIETA PARA OS VIVOS E PARA OS MORTOS

Quando morriam, os egípcios iam para a tumba com tudo que pudessem necessitar na outra vida, inclusive refeições completas. Os produtos alimentícios — como os bem conservados pão, pato, peixe seco e figos abaixo, encontrados amontoados em tigelas e numa prateleira de junco em tumbas perto de Tebas — indicam que a dieta do antigo Egito era notavelmente variada e saborosa.

Embora a classe social determinasse o quanto a alimentação poderia ser variada, o pão e a cerveja elaborados a partir do trigo e da cevada eram produtos básicos para todo o mundo. Todos os egípcios comiam também verduras — cebolas, pepinos, vagens, lentilhas, ervilhas e alface, para citar algumas — e frutas como tâmaras e melancias. Embora os camponeses mais pobres subsistissem provavelmente à base unicamente de alimentos vegetais, a maioria dos egípcios consumia também uma grande variedade de peixes e aves. Os ricos devotavam-se, às vezes em demasia, a luxos como o vinho, cuidadosamente etiquetado com o

ano e o vinhedo da colheita, e a carnes gordurosas como o boi e o porco. Como resultado disso, alguns engordavam demais, e aceitavam alegremente sua obesidade como um sinal de prosperidade.

Os cozinheiros egípcios usavam óleos, espessantes e condimentos para preparar suas sopas e pratos. Entre seus temperos estavam o alho, o cominho, o coentro, a salsinha e o feno-grego. Tâmaras, figos, alfarroba, parecida com o chocolate, e outras frutas adoçavam bolos e pastas; o mel servia também para este propósito, mas — de novo —, somente para aqueles que podiam dar-se ao luxo.

Um mural da tumba de Nakht, sacerdote durante o reinado de Tutmés IV, mostra a preparação de um opulento festim: uvas, romãs, plantas de lótus, das quais se consumiam as raízes e as sementes, pepinos, ovos, figos, peixe, gansos, patos e pombos.

Os egípcios amavam tanto a vida que desejavam levá-la consigo para o túmulo e o além. Nos primeiros dias de sua longa história faziam-se enterrar com comida e bebida. Depois começaram a acrescentar complementos e comodidades mais elaborados a seus locais funerários; de camas e divãs até espelhos de mão e perfumes. À medida que evoluíam os costumes, os ricos e poderosos começaram a levar consigo seus serviçais para o túmulo; não seres humanos, mas figuras esculpidas que eles acreditavam que cuidariam deles no outro mundo. Devido a sua grande riqueza, Meketre pode conceder-se todo um conjunto desses diminutos ajudantes, a maior coleção já descoberta. Em 24 pequenas caixas que representavam aposentos e pátios havia criadores de gado e açougueiros, padeiros e cervejeiros, fiadores e tecedores, carpinteiros e escribas, todos eles trabalhando ativamente nas tarefas determinadas. Juntos ofereciam uma íntima visão de como era a vida nas propriedades de Meketre. O padeiro, por exemplo, permanecia de pé numa tina, amassando o pão com os pés.

Os modelos de barcos que rodeavam as caixas representavam embarcações que Meketre deve ter usado para suas viagens e para o lazer acima e abaixo do Nilo, visitando suas propriedades. Numa delas, o próprio Meketre senta-se relaxado, cheirando sonhadoramente um botão de lótus; a seu lado está seu filho pequeno e um cantor, que leva a palma da mão até a boca para produzir um som de gorjeio. Em outra das embarcações de Meketre, um músico cego toca uma harpa, fixada numa tábua entre seus joelhos. Visto que na verdade aqueles estreitos barcos tinham que acomodar uma tripulação de remeiros, além dos passageiros, deviam ser muito pequenos para conter uma cozinha. Assim, pois, mesmo ali na tumba, o amo foi provido de uma embarcação flutuante para cozinhar.

Enquanto examinava os modelos, Winlock notou várias coisas que o desconcertaram. Um pescador não tinha um dos braços. Alguns dos barcos exibiam marcas de queimaduras ou não tinham alguns pedaços, e alguns outros tinham os mastros quebrados. Muitos mostravam manchas de moscas; outros tinham sido roídos por ratos que tinham deixado seus excrementos ali; alguns até mesmo exibiam teias, com aranhas mortas presas nelas. No entanto, como Winlock bem sabia, nunca tinha sido acen dido fogo no pequeno aposento, e não foi possível encontrar marcas de moscas, ratos ou aranhas no chão. Como explicar o mistério? Raciocinou que Meketre tinha mandado preparar seus modelos funerários muito tempo antes de sua morte e tinha guardado os objetos numa parte não utilizada de sua casa, habitada apenas por ratos, aranhas e moscas. Imaginou as crianças entrando furtivamente para brincar com os barcos e com as figuras, e tinham sido eles, concluiu, que fizeram o pescador perder um braço e queimaram os mastros.

Lá, num abarrotado aposento de teto baixo no qual não podiam sequer permanecer erguidos, os arqueólogos tinham recuado no tempo para encontrar-se frente a frente com Meketre e seu séquito. E ainda aconteceria outro encontro espantoso quando retiraram os modelos de barcos e as caixas que continham as figuras e as levaram para fora, ao sol. Somente Winlock e um colega tinham tocado os objetos da tumba quando os transferiram para serem fotografados, e tinham tomado todas as precauções para fazê-lo do modo mais suave possível, com as mãos cobertas por lenços. No entanto, sob a luz ofuscante, descobriram que os tesouros estavam cheios de marcas de dedos..., as digitais, reconheceu surpreso Winlock, dos "homens que os tinham transportado da casa em Tebas para a tumba há cerca de 4.000 anos e que os tinham deixado ali para o seu longo descanso".

O faraó Séti I e seu jovem filho, o príncipe coroado Ramsés, que mais tarde se tornaria Ramsés, o Grande, defrontam-se com sua herança num relevo mural de um templo de Abidos. Os relevos incluem os nomes de 76 reis — encerrados em óvalos conhecidos como cartuchos — que vão do início do reinado de Séti em 1306 a.C. para trás até Menés, que se acredita ter fundado a I Dinastia em 2920 a.C.

O descobrimento de Winlock oferecia uma janela para o passado, um vislumbre das pessoas comuns dedicadas ao tipo de tarefas que ajudou a manter o Egito durante seus quase 3.500 anos de existência. O Egito não era apenas uma das primeiras entre as antigas civilizações; era a que mais tinha durado. A razão disto tinha muito a ver com sua localização. Era uma terra à parte, encaixada entre dois desertos, e, portanto, capaz de evoluir no fértil vale do Nilo sem nenhuma influência ou interferência externa. Como um longo caule de papiro, estendia-se numa verde e fértil faixa de apenas de 3 a 20 quilômetros de largura da primeira catarata do Nilo em Assuã, ao norte, até a ampla flor do delta a quase 1.200 quilômetros rio abaixo, onde o Nilo desemboca no Mediterrâneo através de uma série de canais. As inundações anuais do rio traziam consigo a dádiva de um lodo marrom-escuro aos campos dos fazendeiros e, no geral, uma regularidade à vida. O antigo nome do Egito, Kemet, palavra que significa "terra negra", refere-se aos benefícios proporcionados pela água.

Os egípcios, um povo verdadeiramente abençoado — que possivelmente não foram mais de cinco milhões em qualquer época determinada — viveram durante boa parte de sua história sob o domínio de governantes semidivinos. Tão numerosos foram os reis, ou faraós, que governaram o país, que alguns são lembrados hoje apenas por seu nome, já que seus monumentos e decretos desapareceram há muito tempo. Quando os historiadores falam do Egito, fazem isto em termos de linhas ou dinastias reais (*ver cronologia, págs. 158-159*). Também falam de impérios, longas eras de grandeza egípcia, e de períodos intermediários menos afortunados, quando os transtornos políticos ou os invasores estrangeiros desestabilizaram o país. O declínio final ocorreu depois que o Egito caiu diante de César Augusto no ano 30 a.C. e se tornou uma província de Roma. Lentamente, por pura negligência, as relíquias da orgulhosa civilização foram sendo engolidas pela areia. Logo até mesmo sua língua falada se perdeu.

Durante os séculos seguintes, o antigo Egito tornou-se uma cultura completamente muda. Os viajantes, desde a época dos antigos gregos e romanos até o século XIX, ficaram maravilhados diante dos monumentos que despontavam por entre suas intermináveis dunas, mas eram incapazes de ler as misteriosas inscrições entalhadas e somente podiam se perguntar acerca de seu significado. A expedição de 1798-1799 dos exércitos de Napoleão ao Egito desenterrou muitos tesouros, entre eles o principal: a pedra de Roseta, cujas faixas paralelas de inscrições hieroglíficas (escrita a base de imagens), demóticas (uma forma cursiva de escrita egípcia) e gregas proporcionaram a chave para os antigos símbolos.

Agora os egípcios podiam falar de novo, e quando a decifração de sua escrita ganhou impulso, eles começaram a emergir em três dimensões, um povo vibrante e dinâmico. Mas seu passado continuava sofrendo nas mãos dos gananciosos. A espoliação de seus túmulos, templos e cidades enterradas, que foi iniciada já nos tempos gregos e romanos, alcançou o auge de seu delírio no século XIX. Qualquer objeto que a dinamite, o pé-de-cabra, o aríete ou os dedos humanos pudessem arrancar das abundantes ruínas era presa liberada. Desenvolveu-se um ativo comércio de antigüidades, e várias coleções européias tornaram-se mais ricas graças a isto.

Uma das figuras mais proeminentes deste comércio pernicioso — literal, e figurativamente — foi um corpulento levantador de pesos de origem italiana, Giovanni Battista Belzoni. Belzoni, que media mais de 1,95 m de altura e era tão musculoso quanto garbo-

DESCOBRIR OS SEGREDOS DOS HIERÓGLIFOS

Durante séculos, os europeus acreditaram que os hieróglifos gravados nos monumentos egípcios eram pictogramas, cada um dos quais encarnava uma idéia mística ou espiritual, e que não podiam representar os sons da língua egípcia. Somente depois que foi descoberta, em 1799, a pedra de Roseta, que oferecia uma chave para a compreensão dos hieróglifos, conquistou algum apoio para a idéia de que alguns hieróglifos podiam ser símbolos fonéticos.

Dentre os estudiosos europeus que trabalharam para decifrar a língua egípcia, o francês Jean-François Champollion foi particularmente qualificado para desentranhar o código fugidio. Nascido em 1790, exibiu desde pequeno um dom especial para as línguas e a determinação para decifrar os hieróglifos que abririam o livro sobre grande parte do passado do Egito. Em 1821, depois de anos de estudos febris sobre uma massa de textos egípcios, Champollion corrigiu e completou outra transliteração fonética de um nome real na pedra de Roseta, Ptolomeu, proporcionando o impulso necessário para os avanços subseqüentes.

O mais espetacular deles ocorreu em 14 de setembro de 1822, enquanto Champollion trabalhava numa inscrição de um templo em Abu Simbel. Até então, apenas tinham decifrado nomes e termos do Período Tardio do Egito dominado pelos gregos. Mas os egípcios estiveram

Em 1822, o ano em que foi pintado este retrato, Jean-François Champollion, então com 31 anos, deduziu o código dos hieróglifos egípcios quando decifrou os nomes dos reis Ramsés e Tutmés (acima). Champollion, o primeiro dos modernos egiptólogos e pai da lingüística egípcia, prosseguiu uma brilhante, mas curta carreira, que terminou com sua morte aos 41 anos de idade.

gravando hieróglifos desde 3000 a.C. A escrita foi sempre fundamentalmente fonética, pergunta-se o francês, ou os símbolos sonoros tinham sido um desenvolvimento posterior? Quando tropeçou com um nome real não familiar — que se sabia que era real porque o conjunto de glifos foi encerrado num óvalo, o cartucho (*acima à esquerda*) — reconheceu os últimos dois signos como *s-s* e, baseado em seus trabalhos anteriores, notou que o que os precedia era provavelmente *ms*. O primeiro era um desenho estilizado do sol, e Champollion sabia que em copta, uma língua derivada do antigo egípcio, a palavra para "sol" é *re*. Re-ms-s-s. Era possível que se tratasse do faraó Ramsés da XIX Dinastia? (O sistema de hieróglifos omite a maioria das vogais.) Champollion passou para um segundo cartucho, que continha também os caracteres *ms* e *s* (*abaixo à esquerda*). Ali, o primeiro glifo representava um pássaro — um íbis —, que era sagrado para ao deus Tot. Supondo ousadamente que o íbis significara o nome do deus, Champollion encontrou-se murmurando "Tot-ms-s", Tutmósis ou Tutmés, o nome de outro grande rei.

Ao escrever sobre sua descoberta, que encerrou para todos os efeitos o debate sobre a natureza dos hieróglifos, Champollion disse: "É uma escrita que é ao mesmo tempo pictórica, simbólica e fonética dentro do mesmo texto, da mesma frase, ousaria até dizer dentro da mesma palavra."

so, desfrutou por algum tempo de uma carreira como o "Sansão da Patagônia" nos palcos londrinos. Lá surpreendia às audiências com sua habilidade de levantar sobre seus ombros uma armação de ferro de 58 quilos e permanecer firme enquanto 12 membros do Wells Theatre de Sadler subiam sobre ele, e depois caminhar pelo palco com sua carga, agitando alegremente duas bandeiras.

Seu interesse pela hidráulica levou Belzoni em 1815 ao Egito, onde tentou vender ao despótico líder do país, Mohammed Ali, uma roda hidráulica que tinha inventado. Belzoni estava convencido de que revolucionaria o antiquado sistema de agricultura do Egito... e ficaria rico. Quando a polêmica deu em nada, dirigiu-se a outro negócio que prometia lucros imediatos: a exploração dos antigos tesouros espalhados pelas areias do deserto.

Belzoni tinha ouvido falar, através de um erudito e lingüista suíço, da gigantesca cabeça de granito de um rei chamado o jovem Memnon (na verdade era um retrato do grande faraó Ramsés II), considerada por uma autoridade da época como "certamente a mais bela e perfeita peça de escultura egípcia que se pode ver em todo o país". A peça, que media 2,7 metros de altura e quase 2,2 de largura nos ombros, pesava acima de sete toneladas. Consciente de sua importância, um grupo de franceses tinha tentado retirá-la, porém não conseguiu movê-la. Belzoni decidiu que conseguiria. Seria, percebeu, uma grande peça para o Museu Britânico. "Encontrei-a perto dos restos de seu corpo e trono — vangloriou-se mais tarde —, com o rosto voltado para cima, como se me sorrisse diante do pensamento de ser levada para a Inglaterra."

Utilizando uma carreta toscamente construída e um contingente de trabalhadores locais, Belzoni conseguiu, após vários dias de esforços, levar a escultura até a beira do Nilo. Levaria semanas até que pudesse ser posta num barco e transportada para o Cairo e daí, finalmente, para a Inglaterra, onde provocou uma sensação digna do esforço de Belzoni. Ele tinha se convertido num adepto da caça ao tesouro. Era um tipo exuberante, que se movia alegremente dentro e fora das tumbas, e às vezes até passava a noite nelas. Numa época viveu com os ladrões de tumbas que ocupavam as entradas dos maiores destes locais funerários, até jantando com eles em condições bem pouco higiênicas. Cada vez que os ladrões achavam que podia ficar para passar a noite com eles, matavam um par de frangos que eram assados num pequeno forno alimentado com fragmentos de caixões de madeira das múmias e, como destacou uma testemunha ocular, "às vezes até mesmo com os ossos e as envolturas de seus antigos ocupantes".

Belzoni, evidentemente, tinha conquistado a confiança de seus anfitriões; persuadiu-os a levá-lo aos profundos sepulcros esculpidos na rocha de onde obtinham as antigüidades que vendiam. Apesar do ar carregado e da poeira asfixiante que cercava as múmias, Belzoni dedicou-se à sua tarefa com afinco, despojando os corpos de seus papiros, textos ilustrados de conteúdo supostamente mágico contidos nos ataúdes ou entre suas envolturas.

Penetrar nas tumbas não era fácil, implicava arrastar-se exaustivamente por passagens parcialmente obstruídas pela areia e pelos escombros, e a permanência ali durante qualquer lapso de tempo em companhia dos ladrões de tumbas requeria uma coragem particular. "Em alguns lugares — escreveu Belzoni — não resta um vão maior que uns trinta centímetros, o que obriga a deslizar-se numa postura rastejante como um caracol, e há rochas pontiagudas e afiadas que cortam como cristal." Numa ocasião, o antigo "homem forte" viu-se "rodeado de corpos, montes de múmias em todas as direções; como ainda não tinha me acostumado àquelas visões, fiquei impressionado com seu horror. O negrume da parede, a débil luz proporcionada pelas velas ou tochas pela falta de ar, os diferentes objetos que me rodeavam e que pareciam conversar entre si, e os árabes com as velas ou tochas nas mãos, despidos e cobertos de poeira, também eles parecidos a múmias vivas, compunham uma cena que não é possível descrever de modo algum".

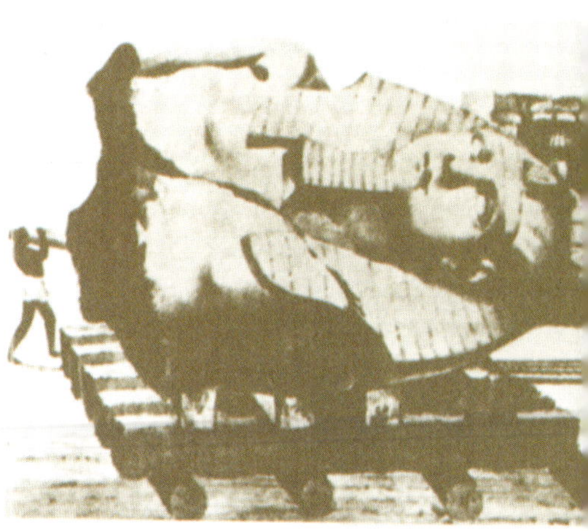

Garboso em sua indumentária egípcia do século XIX, Giovanni Battista Belzoni pôs este retrato de si mesmo como página de rosto da edição de 1822 de seu livro no qual contava suas experiências "dentro das pirâmides, templos, tumbas e escavações" do Egito. Entre seus grandes feitos esteve a recuperação da cabeça de Memnon (na verdade, Ramsés II), mostrada aqui, arrastada até o Nilo pelos trabalhadores antes de seu embarque para a Inglaterra.

E, no entanto, Belzoni descreveu suas experiências entre os mortos egípcios num livro popular que não economizava os detalhes mais horripilantes. Escreveu que estava entre os afortunados que careciam do sentido do olfato, mas que enquanto esquadrinhava entre os corpos, respirando sua poeira fétida, podia "sentir o cheiro das múmias que era bastante desagradável de suportar". Numa ocasião, quando se sentou sobre um ataúde para descansar, o peso de seu corpo descomunal fez as madeiras cederem e caiu sobre o corpo em seu interior, e "esmaguei-o como se fosse uma caixa de chapéu". Sem nada em que se agarrar, Belzoni afundou "entre as múmias esfarrapadas em meio ao estalar de ossos, bandagens e caixas de madeira, o que provocou a subida de uma quantidade de poeira tão grande que me obrigou a permanecer imóvel durante 15 minutos, esperando que ela pousasse de novo". Quando, finalmente, se levantou para ir embora, espalhou mais poeira, "e a cada passo que dava esmagava uma múmia em uma parte ou em outra".

Em outra ocasião, Belzoni movia-se por uma passagem de 6 metros de comprimento não muito mais larga que seu próprio corpo. "Estava abarrotada de múmias — escreveu —, e não podia passar sem que meu rosto entrasse em contato com o de algum descomposto egípcio; mas a passagem inclinava-se para baixo, de modo que meu próprio corpo me ajudava a seguir adiante: no entanto, não podia evitar ficar coberto de ossos, pernas, braços e cabeças que rolavam de cima. Assim avancei de uma cova a outra, todas cheias de múmias empilhadas de várias formas, algumas de pé, outras deitadas, e algumas de bruços."

Apesar de ser um diletante, Belzoni realizou vários descobrimentos importantes no Egito, entre eles a magnífica tumba de Séti I, o pai de Ramsés II. Logo se juntaram a ele outros europeus, que se lançaram à caça do tesouro com um entusiasmo, nas palavras de um erudito francês, "tão violento que é inferior ao amor ou à ambição somente na mesquinhez de seus objetivos". A decifração dos hieróglifos, no entanto, começara a infundir entre os eruditos o respeito em relação a um passado que agora parecia estar em perigo de desaparecer. Os próprios egípcios, que há muito tempo mostravam pouca consideração com sua herança, rivalizavam com os estrangeiros em sua desenfreada destruição. Os egípcios não apenas saqueavam os antigos locais em busca de objetos para vender aos turistas como também, seguindo uma antiga prática, arrancavam as pedras dos monumentos para obter blocos de construção. (Um quarto do templo de Dendera serviu para a construção de uma fábrica de nitrato sódico; o templo de Armant cedeu suas pedras a uma refinaria de açúcar de beterraba.)

Foi o interesse pelos manuscritos coptas o que levou Auguste Mariette, um erudito francês, ao Egito em 1850. Homem extrovertido como Belzoni, Mariette logo abandonou suas pesquisas literárias em favor da escavação. Ao cabo de pouco tempo tinha conquistado o apoio de um influente compatriota, Ferdinand de Lesseps, que alguns anos mais tarde seria o gênio criador do canal de Suez. Impressionado pela preocupação de Mariette com o destino das antigüidades egípcias, Lesseps procurou o novo governante do país, Said Pachá, e instou-o a nomear seu jovem protegido como diretor de monumentos antigos além de curador de um museu que seria construído no Cairo para abrigar novos achados. Said Pachá aceitou, e, afinal, o antigo Egito teve um guardião. Mariette tentou pôr um freio na depredação e nas escavações não autorizadas. "Cabe a nós — escreveu — preservar com cuidado os monumentos egípcios. Dentro de 500 anos o Egito ainda deveria poder mostrar aos eruditos que o visitem os mesmos monumentos que agora estamos descrevendo."

Por elevadas que fossem suas metas, o próprio Mariette não estava acima de qualquer censura acerca dos métodos arqueológicos que empregava.

Recorria à dinamite para arrancar o que não cedesse facilmente, e quase não dava atenção ao registro dos muitos detalhes de suas escavações, algo que os arqueólogos de hoje fazem com preocupação obsessiva em relação à valiosa informação que se pode obter até mesmo dos menores fragmentos de evidência. Mariette esvaziou o conteúdo de mais de 300 túmulos em Saqqara (ou Sakkara), o cemitério da antiga cidade de Mênfis, e da vizinha Gizé, local da Esfinge e das pirâmides. Ao longo de sua vida desenterrou somente 15.000 pequenas antigüidades, e empregou 2.780 trabalhadores em suas escavações.

Como aprenderam rapidamente Mariette e seus sucessores, não havia nenhuma forma fácil de deter a depredação que estava ocorrendo no Egito desde o tempo dos faraós. Era rara a tumba até a qual não se tinha cavado algum túnel ou na qual os ladrões não tinham entrado por algum outro meio, apesar de todas as precauções tomadas pelos construtores para proteger estes lugares de descanso final. Em seus esforços vãos usavam de tudo, de ferrolhos a falsas passagens, portinholas de pedra deslizantes e poços superiores cheios de cascalho que caía estrepitosamente sobre quem quer que tentasse cavar numa dessas barreiras. A terrível prova de pelo menos um destes ladrões apanhado em pleno roubo apareceu numa das tumbas. Um arqueólogo que trabalhava ali encontrou um par de braços cortados sobre um ataúde quebrado, com os ossos da vítima caídos a seu lado. O cientista supôs que um ladrão tinha tentado levantar a múmia de seu estrado quando o teto da tumba desabou, amputando os braços e matando o ladrão ao mesmo tempo.

Os ladrões de tumbas demonstravam pouco respeito em relação aos mortos. Um grupo não pensava duas vezes na hora de transformar as múmias de crianças em tochas para iluminar seu trabalho. Na hora de rasgar as envolturas dos faraós e de suas rainhas em busca de ouro, os ladrões muitas vezes arrancavam cabeças, braços e mãos e os jogavam ao lado. No mínimo, eram atrevidos. Alguns, ao que parece, trabalhavam sem pressa. Um grupo até teve tempo de deixar para trás um pequeno gracejo, embora houvesse de passar 3.000 anos antes que alguém pudesse rir com ele: numa série de poços funerários que continham animais sagrados mumificados, os arqueólogos encontraram um macaco e um cão perfeitamente conservados que tinham sido despojados de suas envolturas pelos ladrões e colocados um ao lado do outro como se o cão, com sua cauda curvada para cima em alerta, estivesse conversando animadamente com o símio.

O roubo de tumbas foi particularmente abundante durante os tempos difíceis, como mostram as evidências fornecidas pelos registros das cortes. Um documento de Tebas conta como "as tumbas e os sepulcros nos quais descansavam os abençoados da antigüidade" ti-

Um dos dois ataúdes de madeira nos quais estava encerrada a múmia de Tutmés I mostra as marcas de enxós deixadas pelos modernos ladrões de tumbas quando arrancaram as lâminas de ouro que cobriam boa parte da superfície entalhada. Ao que parece, como resultado do manuseio brusco dos antigos ladrões, que dilaceraram o corpo do faraó em busca de jóias escondidas, faltavam as duas mãos de Tutmés quando foi encontrado em 1881.

nham sido forçados pelos ladrões, que retiraram os ocupantes de seus ataúdes e sarcófagos, jogaram-nos "fora no deserto" e roubaram "seus artigos domésticos que lhes tinham sido reservados, junto com o ouro, a prata e os ornamentos que estavam em seus ataúdes".

Muitos ladrões foram apanhados, e vários confessaram. "Fomos roubar as tumbas segundo nossos hábitos regulares — disse um ladrão aos homens que o julgaram —, e encontramos a pirâmide do rei Sekemreshedtawy. Usamos nossas ferramentas de cobre e penetramos na pirâmide até sua parte mais interna. Depois atravessamos o cascalho e achamos o faraó jazendo na parte de trás de sua tumba. A nobre múmia estava completamente adornada com ouro e prata por dentro e por fora e com todo tipo de pedras preciosas incrustadas." Ao lado do rei estava sua rainha, com sua pessoa ornamentada de um modo semelhante.

Os ladrões pegaram os objetos de valor pertencentes tanto ao rei quanto à rainha e puseram fogo em seus ataúdes, uma prática comum entre os ladrões de tumbas, visto que o fogo liberava qualquer lâmina de ouro que ainda permanecesse presa à madeira depois que a maior parte do metal precioso tivesse sido arrancada. Depois os homens dividiram o ouro, as jóias e os amuletos entre eles e partiram para Tebas onde, presumivelmente, se livraram de sua pilhagem. Não ficou anotado que castigo recebeu esse homem em particular, mas o juramento tomado por outro suspeito deixa perturbadoramente claro o resultado de um veredito de culpa: "Como Amon vive e como o Soberano vive, se sou considerado como tendo algo a ver com qualquer dos ladrões, posso ter o nariz e as orelhas mutilados e ser posto na estaca".

Apesar da severidade dos castigos ditados pelos tribunais, os roubos de tumbas atingiram tal escalada na XXI Dinastia (1075-945 a.C.), e a destruição das múmias reais das três dinastias anteriores foi considerada como algo tão sacrílego, que os sacerdotes retiraram os corpos dos reis e rainhas de seus locais de descanso e os agruparam em tumbas bem escondidas. Em vários casos realizaram reparações nos corpos, voltando a juntar braços e pelo menos uma cabeça, a de Séti I (*pág. 106*), e reenfaixando alguns dos reis antes de etiquetá-los para sua identificação. Não foi antes do final do século XIX que estes esconderijos foram encontrados — em Deir el Bahri e nos penhascos do Vale dos Reis — e novamente explorados pelos modernos ladrões de tumbas.

Os detalhes exatos do descobrimento do primeiro esconderijo são vagos e confusos, mas parece que em 1871 um pastor de cabras chamado Ahmed abd er-Rassul procurava um garoto desaparecido, apenas para descobrir que tinha caído num profundo buraco. Quando desceu logo percebeu que de fato era um poço cavado à mão, viu uma pequena porta entalhada na rocha. Passou através dela, e entrou numa autêntica caverna de Aladim de antigüidades. Ahmed comunicou de imediato sua descoberta a seu filho e seus dois irmãos, e juntos iniciaram uma exploração dos tesouros da tumba que durou dez anos. Mas quando as relíquias de alta qualidade que retiravam começaram a aparecer no mercado, um papiro aqui, um escaravelho sagrado ali, muitos com nomes ilustres inscritos, as autoridades começaram a suspeitar de sua origem.

Quando o sucessor de Mariette, Gaston Maspero, ouviu que no Egito estavam sendo vendidos objetos faraônicos de considerável valor a turistas e colecionadores europeus, soube de imediato que tinha ocorrido uma descoberta espetacular, e que era preciso deter o saque se pretendia que algum objeto valioso ficasse no Museu do Cairo. Após seguir várias pistas sobre a identidade dos ladrões, Maspero mandou prender Ahmed e um de seus irmãos. Embora os prisioneiros tenham sido açoitados nas palmas dos pés até que a pele pendesse em tiras e sido submetidos a outras torturas e humilhações, eles se recusaram a divulgar seu segredo.

Ahmed, após ser libertado, achou que sua família lhe devia agora algo por ter suportado a tortura sem revelar onde estava a tumba. Tinha direito, disse, à metade do butim que restava. O parente vivo mais velho, Mohammed, resolveu o caso revelando a origem das rendas da família ao governador da província, que informou Emil Brugsch, o ajudante alemão de Maspero. Graças a isso Mohammed foi nomeado capataz das escavações do Museu do Cairo em Tebas e recebeu uma recompensa de 500 libras, uma esplêndida soma que dividiu generosamente com seus irmãos. "Se ele servir ao museu com a mesma habilidade que usou durante tantos anos contra ele, comentou Maspero, podemos esperar magníficas descobertas."

Nada tinha preparado Brugsch para a extraordinária experiência que lhe aguardava quando Mohammed o conduziu ao esconderijo. Após descer pelo poço com uma corda, Brugsch enfiou-se pela entrada de um metro de altura no interior de um corredor. Imediatamente tropeçou com um grande ataúde caiado que trazia o nome de um sumo sacerdote. Mais adiante havia outros três ataúdes. Depois, após acender uma vela a fim de ver na escuridão, entrou em outro corredor semeado com pequenas antigüidades. Avançou até um curto lance de escadas, desceu por elas, e ficou em frente de uma câmara escavada na parede. Lá havia mais ataúdes, alguns dos quais eram tão grandes que, como escreveu um autor, "deviam encaixar no pequeno portal da tumba como rolhas numa garrafa". Quando aproximou a tremulante luz de sua vela das inscrições, Brugsch espantou-se diante dos nomes que foi lendo: compunham toda uma lista de al-

O buraco efetuado na envoltura da múmia de Tutmés III é obra dos ladrões que procuravam o escaravelho sagrado do coração do rei, um amuleto que era colocado no peito para assegurar uma passagem segura ao além-túmulo. Reenfaixado em tempos antigos, o corpo foi mantido rígido com os remos que tinham sido incluídos na tumba do rei para facilitar sua viagem no barco solar até o outro mundo. A vassoura pode ter sido usada pelos antigos sacerdotes para eliminar as suas pegadas antes de selar a tumba.

guns dos maiores faraós do Império Novo do Egito, inclusive Séti I, assim como o mais ilustre filho de Séti, Ramsés II, "O Grande". "Percebi a situação com um ofego — declarou Brugsch mais tarde —, e apressei-me a sair ao ar livre a fim de não me deixar vencer pelo que via e que o glorioso achado, ainda não revelado, se perdesse para a ciência." Temia que a vela que segurava, junto com as que seus acompanhantes levavam nas mãos, pudessem queimar os secos e altamente inflamáveis ataúdes de madeira, se ele ou algum dos outros tropeçasse ou desfalecesse no ar confinado.

Quando se recuperou, Brugsch explorou a tumba minuciosamente. Ao final do longo corredor chegou a um cavernoso recinto, de 6 metros de comprimento e com um teto de quase 5 metros, onde se encontravam os ataúdes de um sacerdote do Terceiro Período Intermediário, Pinedjem II, e sua família. No meio da poeira estavam os restos de suas oferendas funerárias: grinaldas de flores, shabtis (pequenas figuras funerárias), jarras de bronze e objetos de cristal, uma substância preciosa na época dos egípcios antigos.

Com uma descoberta tão preciosa, Brugsch receou que o povo do lugar soubesse de sua existência e viesse saquear a tumba. Providenciou que o conteúdo fosse retirado rapidamente, sem incomodar-se sequer em fazer que os ataúdes e os milhares de artefatos fossem fotografados *in situ*, o que hoje teria contribuído enormemente para conhecimento do lugar por parte dos arqueólogos. Trezentos trabalhadores precisaram de dois dias para esvaziar a tumba e de até uma dúzia de homens para levantar alguns dos ataúdes. Os faraós, suas rainhas e seus tesouros foram embarcados com destino ao Cairo.

Enquanto se afastava pelo rio, os egípcios que tinham ajudado a esvaziar a tumba contemplaram a embarcação da margem em silêncio. Por todo o Nilo tinha se difundido a notícia de sua carga, e à medida que o barco cruzava pelas diversas cidades ao longo do caminho, os habitantes destas congregavam-se ao longo das margens "e realizavam as mais frenéticas demonstrações", com as mulheres exaltadas, os homens disparando seus rifles para o alto. O que Brugsch presenciava era um lamento público, um rito funerário que remontava aos tempos dos faraós. Os egípcios mostravam o devido respeito àquela congregação de mortos tão majestosa, e talvez até se lamentassem pela perda de um tesouro que talvez pudesse ter enriquecido alguns deles.

A chegada das múmias ao Cairo provocou uma resposta menos respeitosa do agente da alfândega, cuja tarefa era cobrar os impostos correspondentes sobre todos os artigos que chegavam à cidade. Incapaz de classificar os restos, ele os registrou como *farseekh*, peixe seco. No Museu do Cairo, os reis foram separados do séquito de 40 corpos e postos em vitrinas para sua exibição separada, enquanto as figuras menores foram conduzidas ao depósito.

Apequenado pelo sarcófago de mais de três metros da rainha Ahmosis Nefertari, Ahmed Kamal mostra a expressão satisfeita de quem participou de um magnífico achado, a descoberta em 1881 de 17 múmias de reis e rainhas das Dinastias XVII, XVIII e XIX. A entrada para o esconderijo secreto onde tinham permanecido durante 2.800 anos tinha apenas 90 cm de largura, mas de algum modo os sacerdotes que conduziram os corpos até a sua localização funerária original conseguiram passar os sarcófagos através da abertura.

No devido tempo, Maspero organizou o desenrolamento das múmias reais, espaçado em intervalos. O primeiro faraó a ser examinado foi Tutmés III. Anteriormente tinha recebido um tratamento um tanto brusco nas mãos de Ahmed abd er-Rassul e de seus irmãos, que tinham cortado suas bandagens em busca de jóias e amuletos. Quando finalmente o corpo de Tutmés foi revelado, aquele que foi em sua época um rei poderoso, que tinha conduzido vitoriosamente seus exércitos contra os inimigos e transformado o Egito num poderoso império, revelou estar arruinado. A cabeça do faraó fora arrancada de seu corpo e as pernas de seu tronco. Restos das envolturas empapadas em resina grudavam ainda em sua pele.

Passaram-se vários dias antes que Maspero tivesse coragem de desenrolar outra múmia. Escolheu a de Ramsés II. Após retirar camada por camada das ataduras de linho, ele e seus ajudantes ficaram finalmente diante do faraó, que tinha vivido cerca de 90 anos e tinha semeado o Egito com monumentos a sua grandeza. Maspero ficou impressionado. Este rei estava perfeitamente conservado, sua pele tinha uma cor "parda terrosa, manchada de negro", tinha os braços cruzados sobre o peito, o rosto sereno, o nariz aquilino, levemente inclinado para um lado pela pressão exercida sobre ela pelas bandagens. A boca, pequena, mas de lábios grossos, continha uma pasta negra, que Maspero cortou parcialmente com tesouras para revelar os dentes da frente do velho faraó, ainda sadiamente brancos.

Maspero e seus auxiliares continuaram com o desenrolamento das múmias. Escolheram uma próxima múmia anônima que se revelou ser a da rainha Ahmosis Nefertari. "Mas — como assinalou o arqueólogo —, assim que o corpo foi exposto ao ar externo, desapareceu literalmente num estado de putrefação, dissolvendo-se numa matéria escura que exalou um odor insuportável." O ar mais úmido do Cairo já estava cobrando seu tributo sobre os corpos que tinham jazido no interior de suas secas, herméticas e estéreis tumbas durante séculos sem se decompor.

Com a esperança de uma sorte melhor, os arqueólogos passaram para a múmia de Ramsés III. Primeiro desenrolaram três camadas de bandagens, depois cortaram uma fronha de lona coberta com um forte revestimento de uma substância parecida com o cimento. Embaixo encontraram mais camadas de linho e lona antes de alcançar um lençol vermelho enrolado. Ao final, tinham nas mãos o momento que estiveram aguardando. Mas isso se revelou "uma grande decepção, intensamente sentida pelos operadores", lamentou-se Maspero. O rosto do rei estava coberto por um revestimento betuminoso que escondia seus traços.

Com o tempo foram desenroladas oito múmias do esconderijo. Amenhotep I estava tal como seus parentes o tinham deixado, agrinaldado com flores. Quando os arqueólogos mexeram entre os murchos botões, fizeram uma descoberta surpreendente: uma antiga vespa, atraída pelo cheiro das flores, tinha ficado presa entre as pétalas, e tinha se unido ao faraó na escuridão eterna quando o ataúde foi fechado.

Eugène Lefébure, que acabava de assumir suas obrigações como diretor do Instituto Francês de Arqueologia, sentiu-se profundamente comovido. "Quase todas as múmias — comentou — estavam cobertas com grinaldas secas e lótus murchos que tinham permanecido intactos durante milhares de anos, e não havia forma melhor de compreender a suspensão do tempo e o freio à decomposição que ver estas flores imortais sobre os corpos eternizados." Para ele, "era a imagem de um sono interminável".

Nenhuma múmia refletiu essa imagem melhor que a de Séti I. O rei parecia como se tivesse dado recentemente seu último alento, observou uma testemunha ocular, com "um sorriso tranqüilo e gentil" ainda aflorando em seus lábios; debaixo das pestanas de suas pálpebras entreabertas despontava "uma linha aparentemente úmida e brilhante, o reflexo dos olhos de porcelana branca inseridos nas órbitas no momento da inumação".

Poucos são hoje em dia os indivíduos que não se sentem comovidos ou fascinados pela noção das múmias, dos seres humanos que conseguiram vencer o tempo. Séculos depois de terem sido embalsamados permanecem ainda intactos, a própria encarnação da crença egípcia na outra vida.

Os antigos funerários representavam um papel quase divino no ato de transladar os corpos dos faraós à eternidade. "Oh, carne do rei — diz um antigo lamento —, não te decomponhas, não te apodreças, não cheires de forma desagradável!" Os embalsamadores, chamados para evitar estas contingências, enfrentavam uma tarefa difícil, em especial no Egito, onde o clima quente apressava a decomposição. Em conformidade com a gravidade de sua profissão e a natureza sagrada de seus súditos — que eram vistos como unificados com Osíris, deus dos mortos — usavam às vezes máscaras que representavam deidades, particularmente Anúbis com sua cabeça de chacal, deus do embalsamamento, enquanto se dedicavam mais aos aspectos cerimoniais de seu trabalho.

Sabe-se muito sobre o processo de mumificação, graças em parte às crônicas sobreviventes, inclusive uma longa descrição de Heródoto, historiador grego do século V a.C. Os egípcios começaram a conservar os corpos para a posteridade muito cedo em sua história. Os cadáveres enterrados há longo tempo no deserto permaneciam sem se decompor anos depois de sua inumação graças à desidratação na areia quente; os corpos não corrompidos devem ter inspirado as pes-

Esta máscara de cerâmica, o rosto da morte — com buracos para os olhos sob o queixo — representa Anúbis, o protetor dos mortos. Era levada pelo chefe embalsamador, um sacerdote, como é possível ver na pintura mural abaixo, inclinado sobre um corpo mumificado que foi deitado sobre um divã funerário com cabeça e cauda de leão.

soas a buscarem para elas este tipo de imortalidade. Mas, à medida que os enterros se tornavam mais elaborados e implicavam a construção de tumbas para os ricos e poderosos, era preciso conceber novos métodos para assegurar que a carne não se decomporia no entorno fechado de uma câmara funerária. Melhorando constantemente suas técnicas, os embalsamadores elevaram seu ofício quase ao nível de uma arte.

Havia vários métodos de preparar um cadáver, mas o praticado sobre os mortos reais do Império Novo (1550-1070 a.C.) era o melhor e o mais complicado. Visto que não havia nenhuma forma fácil de impedir que os órgãos internos apodrecessem, eram retirados, secados com sais, tratados com óleos e resinas líquidas, e depois depositados em recipientes especiais conhecidos como canopos, que acompanhavam a múmia à tumba. (Em alguns enterros posteriores os órgãos foram enfaixados em linho e devolvidos ao corpo.) Na maioria das vezes, extraía-se o cérebro do crânio com ajuda de um longo gancho passado através das fossas nasais. Os egípcios davam a este órgão pouco valor, consideravam que o coração era a sede da sabedoria e dos sentimentos, e acreditavam que o cérebro servia apenas para a manutenção do equilíbrio. Assim, o coração era deixado na cavidade do peito, enquanto o resto dos órgãos era extraído através de uma incisão efetuada no abdômen com uma faca de pederneira. Uma vez esvaziada, a cavidade era untada com vinho de palma e, muitas vezes, era parcialmente preenchida com sustâncias betuminosas ou resinosas antes de ser costurada de novo. Depois, o corpo eviscerado era depositado sobre um leito de barrilha, um sal desidratante, e coberto com mais cristais. Originalmente a sal tendia a destruir a pele e soltar o cabelo, mas posteriormente, com mais refinamentos, ambos eram poupados.

Após perder seus fluidos para a barrilha e para o árido ar durante um período de 40 dias, o corpo dessecado era lavado cerimonialmente com água do Nilo para retirar todo o sal e envolto depois em faixas de linho. Outras resinas e ungüentos eram acrescentados diretamente à pele e às próprias bandagens para formar uma espécie de lacre e produzir um odor agradável. Na XXI Dinastia eram antecipadamente inseridos areia, barro, serragem, linho e outras sustâncias sob a pele para dar volume ao corpo, que encolhia durante a secagem. Na época de Ramsés III eram inseridos regularmente globos oculares artificiais nas órbitas para restabelecer a curvatura das pálpebras; alguns deles eram de pedra, mas pelo menos num caso, o de Ramsés IV pequenas cebolas compunham um substituto barato e acessível. Tomava-se muito cuidado para evitar que caíssem as unhas; dedos de mãos e pés eram envoltos individualmente em bandagens e, no caso dos faraós, encaixados freqüentemente em estojos de ouro. Com tudo isto, o processo de mumificação levava 70 dias.

As bochechas inchadas da múmia da rainha Nodjmet mostram o quanto podiam falhar as técnicas de embalsamamento. Os embalsamadores preencheram-nas com uma mistura de banha e barrilha para proporcionar ao rosto um aspecto mais vívido, mas, à medida que a múmia ia secando, a pele esticada começou a rachar.

Durante todo este tempo, os embalsamadores tomavam muito cuidado em recolher e guardar fragmentos do corpo que de outro modo podiam ser descartados; guardavam até mesmo os trapos manchados com os fluidos corporais. Como os órgãos internos, tudo isso era enterrado perto da múmia, na crença de que o faraó morto necessitaria até do último fragmento de si mesmo na outra vida. "Tua carne erguer-se-á para ti — diz um antigo texto que descreve a ressurreição que aguarda os mortos —, teus ossos consolidar-se-ão para ti, teus membros unir-se-ão para ti, tua carne remodelar-se-á para ti!" Como mostram as pinturas das tumbas, os egípcios imaginavam que as pernas se retorciam de volta à vida, o torso se estufava, a alma e a sombra se apressavam a reunir-se com o corpo, e o rei, de novo vivo, se voltava para adorar a Rá, o deus sol, em gratidão por resgatá-lo da morte.

Num segundo golpe de sorte, em 1898, 17 anos depois do descobrimento do esconderijo de múmias reais que estimulou tantas imaginações, Victor Loret, que havia pouco tempo fora nomeado diretor dos Serviços Arqueológicos Franceses, efetuou uma segunda descoberta espetacular. Explorando uma parte do Vale dos Reis, tinha aberto e examinado uma tumba quando tropeçou com outra. Subiu em seu interior, com a vela iluminando o caminho, e encontrou-se com um espetáculo assustador: um corpo deitado sobre o modelo de um barco funerário, "todo negro e horrível", com "o esgar de seu rosto voltado em minha direção e olhando-me, com seu longo cabelo castanho espalhado em dispersas mechas em volta de sua cabeça". Ao que parece, os ladrões tinham entrado na tumba em tempos antigos, quando os óleos e as resinas derramados sobre a múmia ainda estavam viscosos. Em sua pressa de pegar os tesouros, tinham jogado o corpo para um lado; tinha ido parar em cima do barco e ficado preso a ele.

Após penetrar profundamente na escuridão, Loret e seus colegas entraram numa imensa sala com colunas, a decorada câmara funerária de Amenhotep II. Na parte detrás da habitação divisaram o sarcófago do rei. A tampa estava aberta. "Mas, estava vazia?", se perguntou ansiosamente Loret. Inclinou-se sobre a borda e mal pôde conter sua agitação. "Vitória! No fundo descansava um escuro ataúde, com um punhado de flores em sua cabeça e uma coroa de folhas a seus pés."

Emocionado diante do pensamento de mais descobrimentos possíveis, Loret continuou avançando, com cuidado para não esmagar nenhum dos valiosos objetos sob seus pés. Em outro aposento, "uma ex-

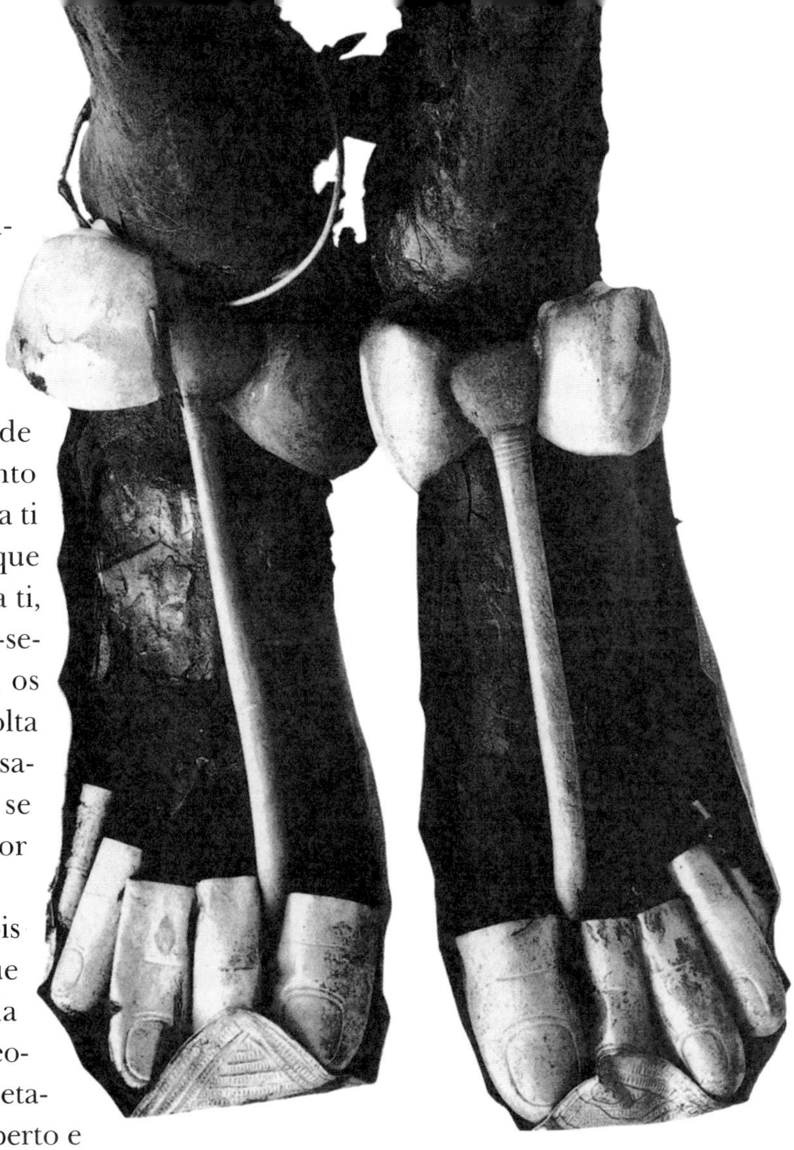

Embainhados nas sandálias douradas de um faraó morto, os pés de Tutancâmon calçam também os estojos de ouro que eram colocados em cada um dos dedos dos pés durante o processo de embalsamamento. Os pés do rei-menino estavam em melhor estado de conservação que boa parte do resto de seu corpo, já que o ouro os protegeu da oxidação provocada pelos ungüentos com os quais a múmia foi empapada.

traordinária e estranha visão mostrou-se a nossos olhos", escreveu. Três corpos não envoltos jaziam um ao lado do outro. O primeiro parecia feminino; tinha um grosso véu enrolado em volta de sua testa e de seu olho esquerdo. Um braço foi cortado e recolocado a seu lado. Usava ainda algumas roupas, apesar de os restos estarem enrugados e rasgados. Da sua cabeça bem conservada, um longo e cacheado cabelo negro derramava-se sobre o chão de pedra calcária da tumba. Seu rosto, nas palavras de Loret, possuía uma "majestosa circunspecção". A mulher foi depositada de modo que descansava com seu braço intacto dobrado sobre seu peito numa postura que alguns arqueólogos acreditam que era reservada para os enterros femininos. Até na morte projetava uma presença, mas, quem podia ser? Apenas em anos recentes foi identificada como a rainha Tiy, mãe de Aquenaton, conhecido como o rei herege, e provavelmente a avó de Tutancâmon.

O segundo corpo era de um rapaz adolescente cuja cabeça estava raspada exceto por uma única mecha de cabelo longo que pendia de sua têmpora, o corte de cabelo habitual dos jovens egípcios. A terceira múmia, uma mulher — que, devido a sua cabeça calva, Loret confundiu com um homem — tinha os olhos entreabertos e mostrava uma estranha expressão, produzida por uma almofada de linho inserida entre os dentes. Loret comparou sua aparência à de um "gato brincalhão com um pedaço de pano".

Faltava explorar outros três aposentos; a entrada de um deles estava fechada com blocos de pedra calcária, alguns dos quais faltavam em sua parte superior. Loret foi içado até ali. Embora sua vela mal iluminasse o outro lado, pôde apreciar nove ataúdes apinhados num espaço estreito. Poucos dias mais tarde subiu por cima da parede para examiná-los. Após soprar a poeira, surpreendeu-se ao ler as inscrições: ali estavam os nomes de Ramsés IV, Siptah, Séti II, Tutmés IV e outros faraós igualmente ilustres.

A habitação em si era muito pequena para que fosse possível abrir com facilidade os ataúdes, mas Loret era um homem paciente; conteve-se antes de buscar imediatamente o primeiro prêmio. De fato, não voltou ao aposento até ter esvaziado o resto da tumba, uma tarefa meticulosa que implicava a retirada e a catalogação de mais de 2.000 objetos e fragmentos. Quando finalmente foi aberta a parede de pedra calcária e foram retirados os ataúdes, examinou-os tranquilamente, fotografando-os um por um, depois medindo as múmias de seu interior e descrevendo-as antes de copiar todas as inscrições.

Loret pertencia a uma nova raça de arqueólogos. "Tudo foi feito corretamente, de forma prevista e organizada", escreveu com orgulho sobre seu trabalho na tumba. Após quase um século de exploração descuidada, o passado do Egito estava finalmente sendo tratado com respeito e projeção para futuros estudos. No primeiro plano desta ar-

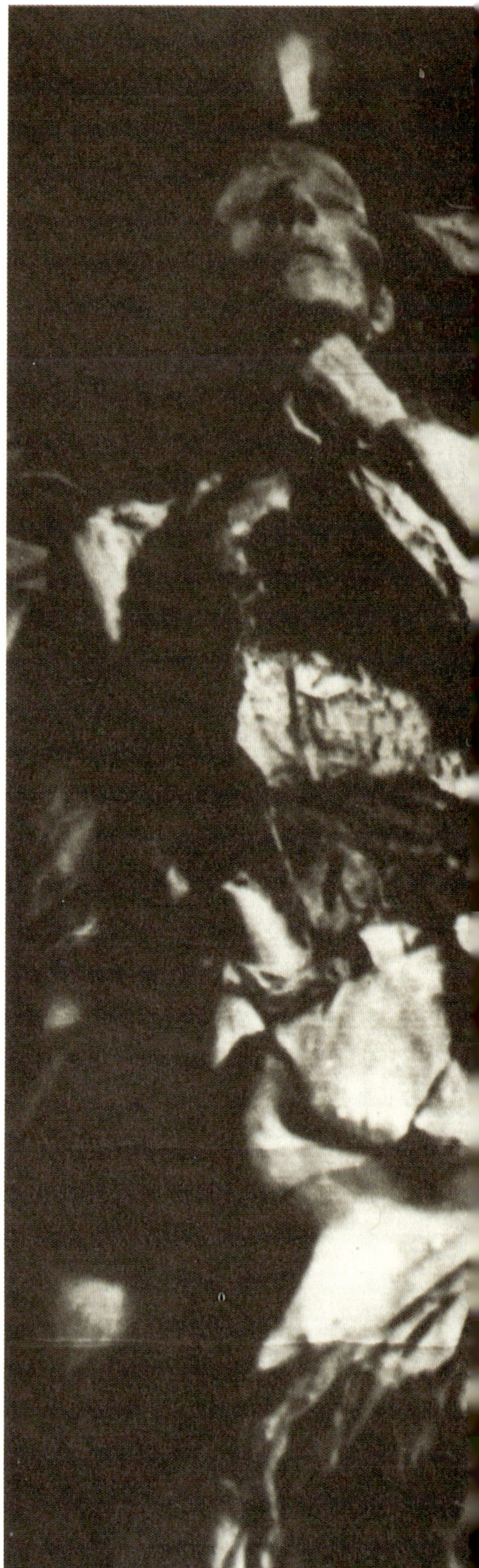

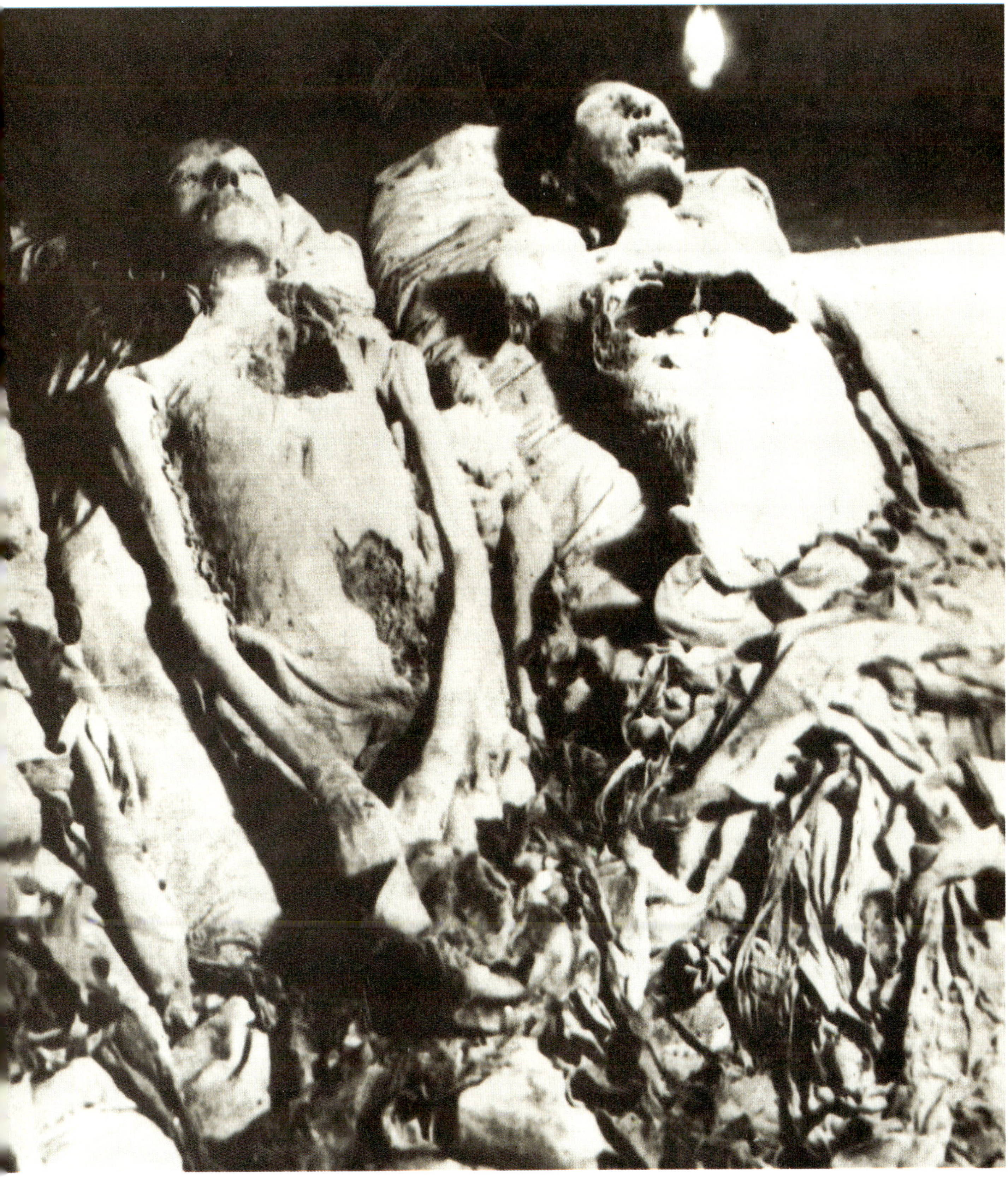

Nesta fotografia de 1898, tomada depois da descoberta de um segundo esconderijo de múmias reais, os corpos da rainha Tiy (*abaixo à esquerda*) e de outros dois mostram os danos infligidos pelos ladrões de tumbas.

queologia científica havia dois rivais, Flinders Petrie, um inglês, e George Reisner, um norte-americano, que trabalharam ambos no Egito na última parte do século XIX e nas primeiras décadas do XX. Eram decididos, e embora seus métodos e técnicas diferissem, suas metas eram parecidas. Acreditavam que uma escavação deveria ser efetuada com uma atenção minuciosa, convencidos de que tudo que traziam à luz tinha algum significado.

Dos dois, Reisner era o mais compulsivo, e absorvia-se nos mais sutis detalhes de suas escavações até que considerasse quase impossível selecionar entre montanhas de informação e publicar artigos legíveis que descrevessem seus achados. Mas ficou famoso por suas meticulosas escavações ao redor das pirâmides de Gizé, praticamente o trabalho de sua vida. Conquistou o afeto de muitos, e era chamado afetuosamente Papá George por seus admiradores e associados.

Petrie, mais exuberante, era toscamente modelado, barbudo, um personagem com "uma constante e febril rapidez de fala" e uma firme crença no acerto de suas próprias opiniões. Apaixonado em relação à forma como deveriam ser conduzidas as escavações, preocupava-se muito pouco com as demais coisas, inclusive sua aparência. Não hesitava nem um momento, por exemplo, em despir-se durante o calor do verão e trabalhar de camiseta e cuecas. Se estas eram vermelhas tanto melhor, porque do seu ponto de vista "mantêm os turistas à distância" tornando-se uma figura "muito extravagante para uma inspeção!". E não se importava em sujar-se; de fato, era enormemente admirado por seus trabalhadores como um dos poucos europeus que se sujavam tanto quanto eles em seu trabalho. Muitas vezes montava seus aposentos nas próprias tumbas, e não se preocupava nem um pouco se tinha de dormir com múmias guardadas debaixo de sua cama.

Petrie, um homem de enorme integridade, não enriqueceu com os tesouros que desenterrou; depois que o Museu do Cairo ficava com parte dos achados, encarregava-se de que o resto fosse adequadamente distribuído a outros museus. Carente de riqueza própria, tinha que controlar seus gastos, e o dinheiro que sobrava era empregado em suas escavações. Geralmente apenas se permitia "uma refeição pela manhã e outra pela noite", e à noite comia diretamente das latas que ladeavam sua mesa de trabalho, até daquelas que tinham permanecido abertas ao calor do dia inteiro. "É preciso abandonar os pensamentos de digestão", comentou um visitante enquanto contemplava a hospitalidade do arqueólogo. De fato, escreveu outro, Petrie servia "uma mesa tão horrivelmente ruim que apenas pessoas com uma constituição de ferro podiam sobreviver a ela".

Petrie nunca se eximia de avaliar seus companheiros arqueólogos. Criticou abertamente uma figura tão destacada quanto Mariette por ter "feito saltar em pedaços do modo mais simples todas as pedras

UM "ESTRANHO TIPO DE MEDICAMENTO"

As múmias tiveram um estranho uso na Europa durante os séculos XV e XVIII. Reduzidas a pó, serviam como base para uma panacéia que era aspergida sobre as feridas e até mesmo ingerida.

Esta moda medicinal surgiu quando uma substância negra e parecida com o breu importada do Próximo Oriente, chamada *mumia*, foi considerada benéfica para uma série de pacientes que sofriam uma grande variedade de achaques. Mas quando a demanda de *mumia* começou a superar a oferta, foi preciso encontrar um substituto.

As múmias pulverizadas empapadas em resina produziam um produto de aspecto similar, que uma autoridade considerou "medicinal", e logo começou a ser amplamente utilizada.

O médico e escritor do século XVII sir Thomas Browne sentiu-se ultrajado diante da novidade: "Devemos curar com misturas canibais? — perguntou. Com toda certeza esta dieta é puro canibalismo". Mas não importava o muito que alguns vilipendiassem contra isso, as vendas deste "estranho tipo de medicamento" continuaram sendo abundantes, até que começou a circular a história de que os fornecedores estavam utilizando corpos de mortos recentes em vez dos corpos dos antigos egípcios.

caídas de um templo, que teriam sido facilmente levantadas por meio uma roldana". Não deixava de condenar "a bárbara consideração" que mostravam as autoridades em relação aos monumentos do passado. "Nada — escreveu — parece ser feito segundo um plano uniforme e regular, os trabalhos são iniciados e abandonados sem terminar; não se presta nenhuma atenção aos futuros requisitos de exploração. É nauseante ver em que ritmo se está destruindo tudo." Em particular, Petrie não podia suportar o Abbé Amélineau, um arqueólogo francês que tinha trabalhado durante cinco anos nas tumbas reais de Abidos, um centro de culto dedicado a Osíris, mas que não tinha conseguido manter nenhum registro de onde tinham aparecido seus achados. Enfurecia Petrie que aquele homem pudesse vangloriar-se de "ter reduzido a cacos as peças das vasilhas de pedra que não tinha considerado conveniente retirar, e queimado os restos das madeiras da I Dinastia em sua cozinha". Comparava estes profanadores ao "melro que vem bicar o mais fino cacho de groselhas, come uma, e deixa o resto para que apodreça". E, para reforçar suas palavras, recolheu os milhares de fragmentos que Amélineau tinha deixado para trás e os remontou para obter dados sobre a idade do sítio arqueológico.

Petrie passou 45 anos cavando no Egito, ajudado por uma estranha intuição de onde podia realizar suas descobertas. A quase cada nova temporada, podia ser encontrado num novo sítio arqueológico, mas era motivado menos pelo desejo de realizar grandes descobertas que pela sede de informação. Para ele, os fragmentos de cerâmica, as paredes de barro, as madeiras estilhaçadas, as armas corroídas e as ferramentas primitivas tinham todos eles uma história para contar. Anotava cuidadosamente onde tinham aparecido e em que contexto, relacionando seus descobrimentos e conseguindo todos os anos publicar os resultados, pondo assim à disposição do crescente quadro de egiptólogos de todo o mundo os últimos dados sobre o campo.

Petrie e Reisner são considerados os pais das escolas britânica e norte-americana de arqueologia; seus métodos revolucionaram a profissão e influenciaram pessoas que trabalhavam em países muito distantes do Egito. Foi dito de Petrie — e o mesmo poderia ser dito de Reisner — que "encontrou a arqueologia no Egito como uma caça ao tesouro e a deixou transformada numa ciência". De fato, Petrie e Reisner tornaram possível o tipo meticuloso de trabalho detetivesco que permitiu aos egiptólogos que seguiram seus passos compor um quadro cada vez mais completo da vida no antigo Egito. Graças aos esforços de tais indivíduos, os egípcios da antigüidade são hoje mais bem conhecidos por nós que muitos outros povos que apareceram e desapareceram mais tarde no palco do mundo.

TERRA DE GIGANTES

Durante muito tempo o Egito lançou seu feitiço sobre todos aqueles que tiveram a ventura de contemplar suas maravilhas criadas pela mão do homem. Napoleão, no momento de enviar seu exército invasor contra os opressores turcos do Egito, captou um vislumbre dos mais famosos monumentos do mundo no horizonte e declarou: "Soldados! Do alto dessas pirâmides 40 séculos os contemplam". As tropas não puderam deixar de sentir-se inspiradas pela imagem quando se lançaram também eles a fazer história. Embora a expedição militar de 1798 do general tenha fracassado, um tipo de vitória emergiu do mal planejado esforço: o triunfo dos antigos egípcios sobre a imaginação dos povos.

A enorme equipe de 167 *savants* — cientistas, artistas e outros "homens sábios" — que Napoleão tinha levado com seus 34.000 soldados conseguiu um surpreendente sucesso em sua tarefa de realizar os primeiros estudos sistemáticos das imponentes ruínas. De seus esforços surgiram os 24 volumes da *Description de l'Égypte*, que fizeram mais do que qualquer outra obra para inflamar nos europeus e norte-americanos do século XIX a ânsia de ver, aprender, desvendar o enigma daquela misteriosa civilização que tinha florescido há quase incompreensíveis 4.000 anos.

Logo todo tipo de gente estava invadindo o Egito: artistas, antiquários, eruditos. Os famosos lugares que estes primeiros visitantes viram — muitos dos quais ainda não tinham sido escavados pelos arqueólogos — pareciam muito diferentes de como são hoje. Milênios de areias à deriva tinham semi-enterrado as enormes colunas e estátuas. De fato, alguns turistas, em suas excursões por entre as antigas colunas, gravavam seus nomes nos capitéis que, graças às enormes dunas, ficavam às vezes ao fácil alcance de seus canivetes.

As pinturas e escritos de alguns dos mais notáveis viajantes da época — que servem de base a este ensaio — refletem não apenas as maravilhas que esses intrépidos indivíduos encontraram quase a cada passo do caminho, como o deslumbramento que experimentaram ao redescobrir uma civilização perdida.

Movido pelo entusiasmo, o artista inglês David Roberts reposicionou a Esfinge e as pirâmides nesta litografia dos anos 1840 para refleti-las contra o entardecer e o avanço de uma tempestade de areia. Na verdade, a Esfinge está voltada para o leste.

Estes semi-enterrados pilares, estas gigantescas cabeças que brotavam em espantosa ressurreição diante das portas do Templo, permaneciam magnificamente imóveis. Mas eram como o esplêndido prólogo de um poema do qual restam somente alguns fragmentos confusos. Além da entrada, estendia-se um fumegante, sujo e intrincado labirinto de atalhos e passagens.

AMELIA B. EDWARDS
Mil milhas Nilo acima, 1888

Esta aquarela do grande templo de Lúxor, de François Charles Cécile, um dos *savants* de Napoleão, mostra um minarete que se eleva de uma mesquita dentro do recinto do monumento, assim como pombais e a areia obscurecendo parcialmente os decorados pilares externos. Em 1831, o obelisco da esquerda foi movido e enviado a Paris, onde hoje está erguido na praça da Concórdia.

Os colossos não parecem tão colossais; ao contrário, mantêm-se de acordo com tudo o que os rodeia, como se fossem do tamanho natural de homens, e nós fossemos os anões, não eles os gigantes.

FLORENCE NIGHTINGALE
Cartas do Egito: Uma viagem pelo Nilo, 1849-1850

Os Colossos de Memnon, de 20 metros de altura, situados diante de Lúxor, parecem flutuar na inundação anual do Nilo numa litografia de Roberts. As estátuas, que representam Amenhotep III, erguiam-se em sua época diante do templo do faraó, desaparecido há muito tempo. Os viajantes gregos e romanos, impressionados, prestavam tributos regularmente nos enormes monumentos.

O pátio externo do Templo de Edfu, pintado em 1840 por Roberts, mostra as colunas ainda não escavadas, com os egípcios vivendo nos pórticos e conversando no pátio. Comparativamente jovem, Edfu foi iniciado em 237 a.C., e é considerado o mais belo dos templos do Egito.

Os enormes capitéis parecem erguer-se da areia e abrir-se como uma flor sem caule. As proporções do templo fazem pensar num gigante enterrado até a cintura, abrumando a insignificante estatura do homem com sua cabeça e seus ombros.

JEAN JACQUES AMPÈRE
Viagens pelo Egito e a Núbia, 1868

Subimos ao topo e deslizamos pela avalanche de areia que agora separa os dois templos. Ali se assentam os quatro poderosos colossos. Antes do amanhecer aguardávamos os primeiros raios. Rompeu o dia, a parte superior da rocha tornou-se dourada... os dourados raios arrastaram-se para baixo... um dos colossos exibiu um sorriso radiante, como se seu próprio glorioso sol o tivesse alcançado.

FLORENCE NIGHTINGALE
Cartas do Egito: Uma viagem pelo Nilo.
1849-1850

Escavação dos Templos de Abu Simbel, de Roberts (1839), mostra uma equipe de escavadores abrindo caminho em direção aos monólitos de 20 metros de altura esculpidos no penhasco sobre o Nilo. Até ter sido retirado, um enorme desmoronamento de areia bloqueava as entradas dos dois templos construídos por Ramsés II rio acima, como um monumento a si mesmo e a sua esposa favorita, Nefertari.

CAPÍTULO 2
À SOMBRA DAS PIRÂMIDES

Num abafado dia de verão de 1867, Mark Twain, naquela época um jovem jornalista, partiu do Cairo no lombo de uma mula para visitar a arenosa meseta desértica de Gizé cerca de oito quilômetros a oeste, perto das ruínas da antiga capital Mênfis. Sua meta: escalar uma das três famosas pirâmides de Gizé e examinar a Esfinge e seu corpo de leão.

O grupo de Twain cruzou dois braços do lamacento e turvo Nilo num *dhow*, o pequeno barco egípcio de vela latina, e caminhou pelo deserto até a base da Grande Pirâmide. O jovem norte-americano ficou admirado por sua altura; parecia, disse, "perfurar os céus". Com a ajuda de vários musculosos guias árabes, e não sem certa emoção, ele e seus colegas começaram a galgar o exterior irregular da pirâmide.

Quando Twain alcançou o topo, a mais de 135 metros de altura, sentou-se para admirar a vista assombrosa. Como mais tarde descreveu nos *Inocentes no estrangeiro*: "De um lado, um poderoso mar de areia amarela estendia-se até os extremos da terra, solene, silencioso, carente de vegetação, com sua solidão inalterada por nenhuma criatura viva. Do outro, o Éden do Egito abria-se sob nossos pés, um amplo solo de verdura, fendido pelo sinuoso rio, salpicado de povoados, com suas enormes distâncias medidas e assinaladas pela decrescente estatura dos grupos de palmeiras que se afastavam. Permanecia adormecido numa atmosfera enfeitiçada. Não havia nenhum som, nenhum movimento. Longe, na direção do horizonte, uma dúzia de pirâmides montava guarda sobre as ruínas de Mênfis; e debaixo de nós a debilmente infranqueável Esfinge olha-

Com passo confiante, o rei Djoser da III Dinastia — construtor da primeira pirâmide do mundo — corre numa corrida ritual num relevo esculpido na parede de uma câmara ladrilhada que faz parte de seu extenso monumento funerário em Saqqara.

va todo o quadro de seu trono no meio das areias, tão plácida e pensativa como fora durante os últimos 50 lânguidos séculos".

A extensão de terreno que Mark Twain via do topo da Grande Pirâmide abrange parte de uma das mais extensas e fascinantes cadeias de sítios arqueológicos do mundo. Dentro desta região do Egito, que abrange desde o diminuto povoado de Abu Roash justo a noroeste de Gizé até o oásis de Faiyum cerca de 90 quilômetros ao sul, os arqueólogos descobriram os restos de enormes necrópoles, ou cidades dos mortos, antigas, onde os egípcios depositavam seus reis e nobres para que descansassem em grandes e elaboradas tumbas. Os mais famosos destes monumentos são as pirâmides, mais de 90 no total, embora a maioria se encontre hoje em tão mal estado que sua forma original mal é reconhecível. As pirâmides melhor conservadas erguem-se nas areias de Gizé e das vizinhas necrópoles de Saqqara, Dahshur e Meidum. Ironicamente, são algumas das mais antigas, construídas pelos faraós do Império Antigo, um período de cerca de 500 anos, de aproximadamente 2575 até 2134 a.C.

Poucos monumentos de civilizações perdidas evocaram tanto mistério e inspiraram tanta admiração quanto as pirâmides do Império Antigo do Egito. "O homem teme ao tempo e o tempo teme as pirâmides", diz um provérbio árabe. Já eram consideradas maravilhas antigas até mesmo quando os faraós ainda governavam o Egito. Na época do Império Novo (1550-1070 a.C.), há muito tempo os egípcios já visitavam Gizé e outros lugares para prestar homenagem a seus reis mortos e para maravilhar-se diante da antigüidade das gigantescas tumbas. Como prova de suas visitas, vários antigos turistas egípcios deixaram inscrições nas superfícies de pedra das pirâmides e de seus templos adjacentes. Um turista, que assinou seu nome "Ahmosis, filho de Iptah", visitou a Pirâmide Escalonada de Saqqara, naquela época já com milhares de anos de idade, por volta de 1600 a.C., e escreveu reverentemente que o monumento parecia "como se o céu estivesse em seu interior". Cerca de 400 anos mais tarde, outro turista, "Hednakht, filho de Tjenro e Tewosret", assinalou o quanto tinha desfrutado de um passeio em volta da Pirâmide Escalonada com seu irmão, e pedia aos deuses que lhe concedessem "uma vida toda para servir a vosso prazer" e "um bom enterro após uma velhice feliz".

Ninguém no antigo Egito demonstrou mais interesse pelas pirâmides e sua história que o príncipe coroado Khaemwaset, quarto filho de Ramsés II, um dos mais famosos faraós e o de mais longo governo do Egito. Durante o reinado de Ramsés (1290-1224 a.C.), as pirâmides do Império Antigo já existiam há 13 séculos. Corroídas exteriormente pelos ventos e pelas areias do deserto e com o interior saqueado pelos ladrões de tumbas, as pirâmides e seus templos

associados tinham caído num ruinoso esquecimento. Com a permissão de seu pai, o príncipe Khaemwaset dedicou-se a restaurar as pirâmides e outras tumbas do Império Antigo até devolver-lhes pelo menos parte de sua antiga glória. Por estes esforços, Khaemwaset é atualmente considerado como o primeiro egiptólogo e arqueólogo do mundo.

Khaemwaset, um homem ao que parece curioso e introspectivo, que preferiu o sacerdócio à carreira militar, passou longas horas, ou isso afirmam as crônicas posteriores, vagando por entre as ruínas do Império Antigo em Gizé e outros lugares, pesquisando antigas tumbas e templos e desentranhando o que estava escrito em suas paredes. Após inspecionar uma tumba, ordenava a seus operários que gravassem em sua superfície uma inscrição hieroglífica que identificasse o rei para o qual tinha sido construída, criando assim o primeiro antecedente da primeira etiqueta de museu. O interesse de Khaemwaset pelo passado o conduziu finalmente à escavação e à restauração de vários lugares históricos. Desenterrou uma variedade de artefatos, que, em alguns casos, identificou com etiquetas. Entre seus achados há uma estátua de Kawab, um filho do rei Quéops, o faraó para quem foi construída a Grande Pirâmide de Gizé. Na inscrição que fez gravar nela, Khaemwaset explica que seu trabalho nas antigas tumbas estava motivado por seu "amor aos dias antigos" e era empreendido devido "à perfeição de tudo o que seus antepassados tinham conseguido". Ao que parece, o príncipe admirou tanto a estátua que a levou para Mênfis, onde um fragmento do original foi escavado de novo pelo arqueólogo britânico James Edward Quibell em 1908, cerca de 3.200 anos mais tarde.

A história das pirâmides — e das necrópoles das quais surgiram — começa em Mênfis, a antiga capital administrativa situada na margem oeste do Nilo, a 30 quilômetros rio acima do Cairo. A tra-

O projetista da Pirâmide Escalonada do rei Djoser (*acima, ponta direita*), Imhotep (*esquerda*) aparece aqui recordado em bronze. Mais de 4.000 anos depois de sua construção, o arqueólogo inglês Walter Emery — aqui acompanhado por um ajudante que carrega uma cadeira — percorreria as areias de Saqqara, lugar da pirâmide, buscando sem sucesso o ainda desconhecido local de descanso do arquiteto, cuja fama rivaliza com a de seu poderoso patrão.

dição popular afirma que Mênfis foi fundada por volta de 2900 a.C. por Menés, um poderoso chefe que se tornou o primeiro rei do Egito após unificar as muitas cidades e povoados agrícolas pouco interligados ao longo do Nilo. Seus habitantes originalmente chamavam a cidade de *Ineb-hedj*, "Muro branco", possivelmente devido às muralhas de tijolos de barro caiadas, parecidas às de uma fortaleza, que rodeavam o palácio do rei. Mênfis acabou transformada numa enorme metrópole para os padrões antigos. A cidade ocupava cerca de 13 quilômetros de norte a sul e 6 de leste a oeste, e serviu como importante centro político, comercial e religioso durante mais de três milênios. De seus concorridos cais partiam as embarcações Nilo abaixo até a costa leste do Mediterrâneo e até a Grécia e as ilhas do mar Egeu. No auge do poder de Mênfis, é possível que vivessem e trabalhassem ali até 50.000 pessoas, possivelmente apinhadas ao longo de estreitas ruas em casas e lojas de tijolos de barro de dois e três andares. Muitos eram esplêndidos artesãos que produziam uma ampla variedade de artigos: móveis com enfeites incrustados, jóias de ouro e gemas semipreciosas, carruagens, escudos, lanças e outras armas. A maior parte da gente de Mênfis, no entanto, trabalhava nos vizinhos campos da planície aluvial do Nilo, criando gado bovino, ovelhas e cabras e cultivando cereais e linho.

Mênfis continuou sendo uma cidade próspera até o século VII d.C., quando os árabes conquistaram o Egito e arrancaram as pedras de seus edifícios para construir a nova capital do Cairo. Hoje em dia, tudo que resta da antiga Mênfis encontra-se enterrado sob cidades modernas e toneladas de sedimentos do Nilo, tornando difícil e caro que os arqueólogos possam examiná-lo. Somente uma pequena porção da então grande cidade foi escavada até hoje, e nunca se encontrou vestígios de seu palácio ou de outros edifícios originais.

Quase tudo que se sabe da vida do Império Antigo em Mênfis — e no Egito — procede não dos bairros da cidade, mas sim de seus cemitérios. O povo de Mênfis construiu sua primeira necrópole numa íngreme escarpa do deserto justo a oeste da cidade. Chamaram-na de Saqqara, derivado do nome daquele do deus funerário egípcio Sokar, e situada propositalmente a oeste de sua cidade porque acreditavam que outra divindade, o deus sol, Rá, iniciava sua viagem noturna ao além-túmulo pelos céus do oeste. Os arqueólogos desenterraram tumbas de quase todas as etapas da história egípcia em Saqqara, embora a maioria date do Império Antigo ou de antes, um período de cerca de mil anos, a partir de aproximadamente 3100 e até 2134 a.C. Os enterros prosseguiram em Saqqara até a era cristã, quando a necrópole cobria uma área de mais de 5,5 quilômetros de comprimento e quase 1,5 de largura.

Esta túnica pregueada — uma das mais antigas peças de roupa intactas já encontradas —, que remonta à VI Dinastia, sobreviveu à passagem dos milênios numa tumba perto de Saqqara. As estreitas pregas horizontais foram dobradas enquanto o tecido, possivelmente engomado, ainda estava úmido. O desenho da túnica, um autêntico clássico, foi popular entre os egípcios do Império Antigo até o Novo, um período de 1.500 anos.

As primeiras tumbas de Saqqara eram estruturas retangulares de tijolos de barro com teto plano e lados levemente inclinados. Cada tumba continha vários recintos subterrâneos, inclusive uma câmara funerária central entalhada na rocha onde descansava o corpo do defunto, junto com armas, objetos de adorno e até instrumentos musicais e jogos. A porção da tumba situada acima do chão continha compartimentos de armazenagem menores repletos de comida, móveis, ferramentas, vinho e roupas, todas as provisões consideradas necessárias para a outra vida do *ka*, ou espírito, do proprietário da tumba. Os egípcios modernos chamam estas tumbas de *mastabas*, uma palavra árabe que significa "bancos", porque se parecem, em uma escala muito maior, aos bancos retangulares de tijolos de barro que ainda se pode ver comumente fora das casas e lojas das cidades no Egito.

À medida que o tempo passava, as mastabas de Saqqara tornaram-se maiores e mais elaboradas, de até 3,5 metros de altura e com numerosas câmaras. Passou a ser costume acrescentar uma capela no lado oriental da mastaba, onde os familiares do defunto — ou sacerdotes *ka* com provisões fornecidas pelas propriedades do falecido — podiam trazer oferendas diárias de comida e bebida. Nos feriados especiais, os descendentes dos enterrados em Saqqara reuniam-se no grande cemitério para realizar pessoalmente os ritos das oferendas e celebrar um festim familiar.

Depois, por volta de 2630 a.C., durante o reinado do rei Djoser da III Dinastia, a necrópole de Saqqara passou por uma profunda transformação. Naquela ocasião os reis egípcios tinham ganhado uma considerável riqueza e uma autoridade absoluta sobre seus súditos, que os consideravam sob certos aspectos como deuses viventes. E os deuses, é claro, mereciam grandes tumbas para assegurar a continuação de suas elevadas existências na outra vida. Para diferenciar sua tumba das anteriores, Djoser ordenou que fosse construída com pedras em vez de com tijolos de barro, uma idéia revolucionária para a época. Apesar de o chão de várias das antigas tumbas ter sido revestido de pedras, ainda não tinha sido utilizada para construir um edifício egípcio inteiro.

Djoser pôs o projeto e a construção de sua tumba nas mãos de seu mais habilitado vizir, ou conselheiro-chefe, um homem brilhante e cheio de recursos chamado Imhotep. Após mudar de opinião seis vezes durante a construção da tumba, Imhotep decidiu-se finalmente por um projeto que se parecia a seis mastabas de tamanho progressivamente menor, cada uma delas colocada acima da outra. O monumento concluído passou a ser conhecido como a Pirâmide Escalona-

da, um nome que possivelmente reflete seu propósito espiritual original, uma escada pela qual o rei pudesse subir aos céus depois de sua morte. Sem comparação em sua época em tamanho ou desenho, a Pirâmide Escalonada media 118 por 141 metros em sua base e erguia-se até a altura de 62 metros. No entanto, a própria pirâmide era somente parte da enorme tumba. Imhotep construiu um labirinto de poços, passagens, galerias e câmaras sob a pirâmide, e vários edifícios funerários, capelas e pátios externos para os rituais e cerimônias relacionados com a outra vida do rei. Depois, Imhotep cercou todo o complexo com um enorme muro de pedra, de 1,5 quilômetro de comprimento e 10 metros de altura, com uma entrada verdadeira e outras 13 falsas. O resultado foi um complexo funerário autenticamente digno de um rei-deus.

Por seu surpreendente triunfo arquitetônico e de engenharia, assim como por suas habilidades como escriba e sábio conselheiro do rei, Imhotep foi louvado por seus compatriotas durante mais de mil anos e foi transformado numa divindade menor. Ergueram-se templos em sua memória séculos depois de sua morte, e tornou-se mais famoso que o rei que pretendia imortalizar. No entanto, surpreendentemente, os egípcios que reverenciaram Imhotep não deixaram indícios sobre a localização de sua tumba. Durante os anos 1950, o arqueólogo britânico, Walter Emery, iniciou a busca de sua tumba em Saqqara, mas não conseguiu encontrá-la. Emery descobriu as tumbas de outros nobres, inclusive a de um chamado Hetepka, que ostentava o curioso título de "defensor do diadema e inspetor dos fabricantes de perucas do rei".

Boa parte do que hoje se sabe da Pirâmide Escalonada procede do trabalho de outro egiptólogo, o francês Jean-Philippe Lauer. Em 1926, o arqueólogo britânico, Cecil Firth, contratou Lauer, que aos 24 anos era estudante de arquitetura em Paris, para que o ajudasse com a primeira escavação sistemática da Pirâmide Escalonada. Lauer chegou a Egito para um curto período de estágio, e permaneceu durante mais de 50 anos. "Tão logo estudei este monumento — disse a um entrevistador em 1991 — percebi sua enorme importância, o primeiro edifício do mundo que foi construído com pedra entalhada em fileiras niveladas e projetado por Imhotep, o Michelangelo daquela época. Então decidi dedicar minha vida a essa obra."

Lauer recordaria com um carinho especial seus primeiros dias em Saqqara, quando ele e Firth exploraram pela primeira vez várias câ-

Surpreendentemente realistas, estas estátuas — cuja intenção era encarnar os espíritos dos sentados, Nofret da IV Dinastia e seu esposo o príncipe Rhahoptep, filho do rei Snefru — fizeram que os operários que abriram a tumba fugissem assim que as viram.

maras internas da Pirâmide Escalonada. Seguindo as passagens planejadas por Imhotep, os dois homens foram abrindo caminho lentamente através do enorme complexo. Lauer não poderia esquecer a admiração e o respeito com que entrou numa das câmaras, que tinha permanecido escondida atrás de uma porta emparedada. "Fizemos um buraco naquela porta e Firth, que era um tanto corpulento, pediu que eu entrasse e lhe descrevesse o que havia dentro — lembrou mais tarde. Com uma sensação de grande assombro, entrei naquela galeria subterrânea na qual ninguém tinha posto os pés desde que fora roubada há cerca de 4.000 anos. Abri caminho à luz de uma vela, e encontrei-me num aposento alongado ladeado por pedra calcária finamente revestida e cuidadosamente alisada. Levava para o norte para outras habitações fechadas com mais blocos de pedra revestida, alguns dos quais eram decorados com grandes estrelas em baixo-relevo."

Embora as câmaras tivessem sido espoliadas havia muito tempo de seus tesouros, Lauer encontrou "uma surpresa atrás da outra" nas paredes, entre elas belos relevos de pedra entalhada que mostravam o rei Djoser presidindo cerimônias religiosas e correndo a pé numa corrida simbólica. Alguns anos mais tarde, enquanto explorava as mais profundas galerias subterrâneas do complexo da Pirâmide Escalonada, Lauer tropeçou com os ossos de uma criança de oito anos e aproximadamente 40.000 vasilhas, tigelas e pratos feitos de alabastro, quartzo, mármore, dolomita e outras pedras valiosas. Os recipientes datavam de antes do reinado de Djoser. Lauer acredita que provinham de outras tumbas violadas pelos ladrões, e que Djoser mandou colocá-los ali por respeito aos mortos aos quais outrora pertenceram e para devolvê-los a seus legítimos proprietários na outra vida.

Não é nenhuma surpresa que os sucessores imediatos de Djoser também desejassem grandes escadas pelas quais subir ao céu, e assim ordenaram a construção de suas próprias pirâmides escalonadas. No entanto, todos os esforços para erguer outra pirâmide escalonada fracassaram, seja devido a erros de construção, seja devido à morte prematura do rei ao qual estava destinada a tumba. Apenas cerca de 50 anos depois da morte de Djoser os egípcios conseguiram terminar outra grande pirâmide, um colosso de oito degraus nas areias de Meidum, uma nova necrópole situada cerca de 65 quilômetros ao sul de Mênfis e Saqqara.

A pirâmide de Meidum marcaria uma mudança espetacular no desenho das pirâmides, porque os operários revestiram mais tarde os enormes degraus da tumba com pedras desbastadas para criar uma borda em declive, depois encaixaram pedra calcária em toda a estrutura para proporcionar os lados lisos e contínuos de uma pirâmide perfeita. Por que os egípcios abandonaram a pirâmide

escalonada por uma autêntica não está claro; alguns pesquisadores acreditam que algo teve a ver com a crescente importância do culto do sol no Egito. É possível que os adoradores de Rá escolhessem o novo desenho porque emula o esquema triangular que os raios do sol formam quando brilham em direção ao chão de uma brecha nas nuvens. Infelizmente, os saqueadores apoderaram-se das valiosas pedras da camada externa, deixando expostas as etapas anteriores da construção. Mas o enorme núcleo de pedra sobreviveu ao vandalismo, e hoje se ergue impressionante acima dos restos do que outrora formava sua cobertura.

A pirâmide de Meidum parece ter sido construída para o rei Huni, o último governante da III Dinastia. Muitos egiptólogos, no entanto, creditam a Snefru, o primeiro governante da IV Dinastia (2575-2551 a.C.), a ordem de revestir o monumento, e assim criar a primeira autêntica pirâmide. Snefru, um rei querido por seus súditos e lembrado durante muito tempo por sua gentil e benévola disposição, construiria outras duas pirâmides: a Pirâmide Achatada, assim chamada porque seu declive fica mais suave na metade da altura, e a Pirâmide Vermelha, famosa por sua pedra calcária avermelhada. O declive em ângulo da Pirâmide Achatada possivelmente reflete a tentativa do arquiteto de resolver os problemas causados por uma inclinação inicial demasiado íngreme para os enormes blocos de pedra, mas também é possível que assim o monumento terminasse parecendo um tanto imperfeito aos olhos do monarca, especialmente como sua morada eterna. Seja qual for a razão, Snefru abandonou-a em favor da Pirâmide Vermelha. As duas pirâmides foram construídas em Dahshur, uma necrópole situada a meio caminho entre Saqqara e Meidum. Com suas alturas de aproximadamente 105 metros, as tumbas superavam com facilidade a Pirâmide Escalonada de Djoser, e tornaram-se as maiores estruturas do Egito.

Mas não por muito tempo. O filho de Snefru, Khufu (conhecido também como Quéops ou Keops), desejando ao que parece superar as enormes tumbas construídas por seu pai, ordenou a construção de uma pirâmide de dimensões ainda maiores na necrópole de Gizé, um terreno funerário ao norte de Mênfis com tumbas da nobreza que remontavam pelo menos a I Dinastia. Quéops foi um tirano, segundo todas as crônicas, tão despótico quanto seu pai foi benévolo. De acordo com a lenda, fechou grande número de templos durante seu reinado a fim de que seus súditos concentrassem todos os esforços na construção de sua pirâmide.

À medida que os trabalhos no monumento avançavam, ou Quéops ou seu arquiteto mudaram de opinião e mudaram a posição da câmara funerária real de debaixo da pirâmide para os recônditos da alvenaria do monumento. A entrada original da pirâmide — que

Um núcleo central de 75 metros de altura rodeado de cascalho é tudo que resta da pirâmide de Meidum, erguida por volta de 2600 a.C. Precursora das mais conhecidas pirâmides de Gizé, o monumento era outrora revestido de pedra calcária, que lhe proporcionou lados lisos e uniformes.

não foi aberta ao público até 1989 — desce por uma passagem inclinada até uma câmara não terminada entalhada na rocha viva. Após abandoná-la, os operários fizeram um buraco no teto do túnel, cerca de 18 metros da entrada. Depois avançaram acima através da alvenaria, retirando a pedra e escavando no ponto médio uma segunda câmara funerária, mal nomeada em tempos modernos a Câmara da Rainha, que também foi abandonada incompleta. Depois criaram a Grande Galeria de 46 metros de comprimento e uma nova entrada, assim como a câmara funerária real do rei, que completaram em granito negro extraído de Assuã, a mais de 600 quilômetros ao sul, e transportado pelo rio até Gizé. Em seu extremo oeste ainda se ergue o sarcófago de Quéops, embora esteja vazio há muito tempo. Por que foi mudada a câmara funerária é algo que ninguém sabe dizer com exatidão, mas alguns arqueólogos sugeriram que, à medida que era construída a pirâmide, Quéops passou a ser reverenciado como Rá, o deus sol. Ser enterrado dentro de uma pirâmide seria apropriado apenas para Quéops-Rá, visto que o símbolo de Rá, o chamado *ben-ben*, tinha forma cônica ou piramidal. Ao final, Quéops deve ter se sentido satisfeito. Sua tumba, a Grande Pirâmide, superava em tamanho e grandeza qualquer outra estrutura egípcia anterior, e superaria às posteriores. Admirados com suas dimensões, os antigos gregos consideraram a Grande Pirâmide como uma das Sete Maravilhas do Mundo. Sua base era imensa: 230 metros de cada lado, cobrindo um total de 5,3 hectares. Como observou um escritor, em seu interior poderiam ser abrigadas as cinco maiores catedrais européias, inclusive São Pedro de Roma e São Paulo de Londres. A altura da pirâmide era também surpreendente: 147 metros, ou 54 metros mais alta que a Estátua da Liberdade de Nova Iorque (desde sua construção a pirâmide perdeu 9,5 metros de altura por causa dos egípcios posteriores que, no transcurso dos séculos, retiraram a maior parte das pedras da superfície para outros projetos de construção).

Como Quéops conseguiu? Alguns pesquisadores acreditaram desde há muito tempo que ele usou escravos para construir a Grande Pirâmide, cuja conclusão ocupou possivelmente todos os 23 anos de seu reinado; o mais provável é que recrutasse milhares de camponeses para a obra e os obrigasse a trabalhar em turnos rotativos durante períodos de vários meses cada um, sobretudo fora da estação, quando o Nilo estava cheio e os camponeses não podiam cuidar de seus campos alagados. Trabalhando sem veículos com rodas nem animais de tração, e utilizando apenas ferramentas simples de pedra e cobre, os trabalhadores cortaram, desbastaram e transportaram mais de dois milhões de blocos de pedra calcária, alguns dos quais chegavam a pesar mais de 15 toneladas, até o lugar de construção.

Ninguém sabe exatamente como foi erguida a Grande Pirâmide, mas as melhores suposições indicam que se uma rampa foi construída

GEORGE REISNER E O CASO DO CORPO DESAPARECIDO

Um dos mais excitantes descobrimentos arqueológicos do século XX aconteceu inteiramente por acaso, graças a um fotógrafo que instalou seu tripé diante da Grande Pirâmide de Quéops em 1925. O tripé enganchou-se num pedaço de gesso de uma abertura oculta cortada na rocha. Os arqueólogos do lugar retiraram as pedras e o gesso para revelar parte de um poço de 30 metros que conduzia a uma tumba.

Quando George Reisner, o arqueólogo norte-americano que tinha trabalhado nas pirâmides para a Universidade de Harvard e o Museu de Boston, foi alertado da descoberta, ordenou que interrompessem todas as escavações até que pôde chegar dos Estados Unidos para encarregar-se pessoalmente delas. Em 26 de janeiro de 1926 iniciou o trabalho de retirada do conteúdo da tumba. Que se revelou uma autêntica casa do tesouro, a mais antiga tumba real virtualmente intacta jamais encontrada, pertencente à rainha Heteferes, mãe de Quéops.

A passagem de 4.500 anos, no entanto, tinha cobrado seu preço. Os objetos não somente jaziam desordenados onde tinham desmoronado por causa da decomposição, além disso, também se encontravam num tal estado de deterioração que para salvá-los e retirá-los todos Reisner necessitaria de um total de 321 dias de trabalho.

Sendo ele o mais meticuloso dos arqueólogos, não deixou nada ao acaso, e recorreu às escovas de pêlo de camelo e às pinças para retirar o pó e erguer os menores fragmentos, detendo-se com freqüência para desenhar os objetos ou mandar fotografá-los ali onde estavam. Ao final, reuniu 1.701 páginas de desenhos, esquemas e anotações e 1.057 fotografias que mostravam seu trabalho, tão completo em seus detalhes que os restauradores puderam reconstruir muitos objetos a partir de seus pedaços e peças.

Mas havia um mistério relacionado à tumba que nem mesmo Reisner pôde explicar satisfatoriamente. Embora os órgãos internos da rainha estivessem num cofre lacrado

O arqueólogo George Reisner passou mais de 40 anos escavando na meseta de Gizé.

apoiado contra uma parede, alguns ainda imersos em líquido embalsamador salino, seu sarcófago estava vazio. Reisner teorizou que a rainha tinha sido enterrada originalmente junto à tumba de seu esposo Snefru, uma pirâmide em Dahshur ao sul de Gizé, e que os ladrões entraram em seu local de descanso, retirado o corpo para apoderar-se das lâminas que suas envolturas escondiam, e depois o abandonaram aos chacais. Incapaz de dizer ao rei que o corpo da mãe tinha desaparecido, o supervisor encarregado das tumbas reais realizou um novo enterro fictício próximo da pirâmide de Quéops, enchendo o novo sepulcro com suas propriedades. Atualmente, vários arqueólogos discordam da teoria de Reisner, e alguns dizem que se a rainha tivesse sido realmente reenterrada, o mais provável é que fosse transladada do lugar escavado por Reisner para uma das três tumbas em forma de pirâmide que Quéops ergueu ao lado da sua.

O mobiliário da rainha Heteferes, mostrado numa reprodução no Museu de Boston, incluía uma caixa (primeiro plano) que em sua época possuía cortinas pendentes do dossel de madeira para uma maior intimidade.

desde a vizinha pedreira até o local do monumento, e que esta rampa circundava a pirâmide e se tornava mais e mais alta à medida que progredia a construção, permitindo assim aos operários colocar as pedras em seu lugar a uma altura cada vez maior. Mas, se foi usado um tipo de rampa assim, de que era feita? Alguns egiptólogos acham que era formada por tijolos de barro, mas não há vestígios deles na área circundante. O material mais provável são os restos que hoje em dia enchem a pedreira: toneladas de gesso, lascas de pedra calcária e argila.

Apesar do enorme peso e das dificuldades de manejo das pedras, os operários colocaram os blocos no monumento com tanta precisão que, em muitos lugares, não é possível passar entre eles nada mais grosso que um cartão postal. Mais surpreendente talvez seja a exatidão com a qual executaram sua tarefa. A base da pirâmide forma um quadrado quase perfeito, alinhado exatamente ao norte, com o lado norte desviado com relação ao sul apenas 2,5 centímetros. O arqueólogo britânico Flinders Petrie, que realizou alguns de seus primeiros trabalhos sobre as pirâmides, foi o primeiro a medi-la com exatidão. Foi atraído ao Egito pelas teorias do astrônomo escocês Charles Piazzi Smyth. Smyth acreditava que a Grande Pirâmide refletia medidas divinas de tempo e de distância, e que revelava também a distância da Terra até o Sol quando sua altura em polegadas era multiplicada por 10 à nona potência, sendo 10 por 9 a proporção da altura da pirâmide com relação à sua largura. Smyth tinha argumentado que o perímetro da pirâmide, calculado nas chamadas polegadas de pirâmide, era igual a 1.000 vezes 365,2, o número de dias num ano solar. Para decepção dos partidários de Smyth, as medições de Petrie deram um resultado diferente.

Só recentemente o egiptólogo norte-americano Mark Lehner conseguiu obter evidências que sugeriam como de fato os egípcios poderiam ter conseguido aquela exatidão. Achou uma série de vãos regularmente espaçados cortados na rocha sobre a qual descansa a pirâmide e que correm paralelos à base. Lehner teoriza que os engenheiros usaram estes vãos para colocar estacas, entre as quais esticaram um fio para alinhar e nivelar a base.

Parece que os antigos operários sentiram-se justamente orgulhosos de suas habilidades como construtores de pirâmides, às vezes pintando ou entalhando vaidosos apelidos para sua própria equipe de construção nas enormes pedras contra as quais batalhavam, nomes como o Grupo Vitorioso, o Grupo Resistente e o Grupo Hábil. As equipes trabalhavam do amanhecer ao anoitecer, servidas por um conjunto de carregadores cujas entregas regulares de comida e água mantinha-os abastecidos.

Numa vista aérea, as três pirâmides da meseta de Gizé erguem-se entre as ruínas dos templos e tumbas que outrora as cercavam. Da esquerda para a direita estão as pirâmides de Menkauré, Quéfren e Quéops, a Grande Pirâmide. Na parte inferior direita é possível ver a Esfinge. As tumbas adquirem cores diferentes ao longo do dia: prateadas à luz da lua, cinzentas ao amanhecer; douradas ao meio-dia e avermelhadas no crepúsculo.

Os egiptólogos estiveram intrigados durante muito tempo pela questão de onde Quéops abrigava seu exército de operários. Milhares deles deviam viver em barracões na planície de Gizé. Porém, onde? Para Lehner parecia "arqueologicamente impossível que os resquícios de milhares de trabalhadores, de suas residências e de suas rampas de construção, as marcas de seus supervisores, pudessem desaparecer por completo".

Em 1988, Lehner e Zahi Hawass, diretor de arqueologia em Gizé e Saqqara para a Organização de Antigüidades Egípcia, iniciaram uma escavação conjunta numa depressão de areia em forma de bacia ao sul da Grande Pirâmide, o local mais provável, acreditavam, para a instalação de barracões para os trabalhadores. Uma década antes, um grupo de arqueólogos austríacos tinha achado cerâmica, cinzas e espinhas de pescado naquele mesmo lugar, indícios incertos de que tinha existido ali algum acampamento antigo. Poucas semanas após iniciada a escavação, Lehner e Hawass descobriram os restos de uma combinação de padaria e cervejaria que datava da IV Dinastia, uma forte indicação de que os aposentos dos trabalhadores não estavam muito longe. Os dois raciocinaram que não teria sido usual, como Lehner tinha proposto, "ter um depósito de grãos e uma padaria no meio do nada".

Os dois arqueólogos descobriram também pequenas tumbas espalhadas ao acaso no terreno, talvez o lugar de descanso eterno dos operários que morreram construindo as pirâmides. Hawass acredita que a escavação acabará desenterrando dois povoados sob as areias de Gizé, um deles será o dos artesãos que cortavam e desbastavam as pedras, e o outro, o povoado dos trabalhadores que as transportavam até sua posição.

Embora boa parte da pedra para a construção da pirâmide fosse extraída da pedreira situada justo na própria meseta de Gizé, a fina pedra calcária branca para a cobertura exterior da pirâmide procedia de Tura, do outro lado do Nilo, e o granito para a câmara funerária do rei veio de Assuã, a 600 quilômetros rio acima. Como exatamente os trabalhadores da pirâmide transportaram os enormes blocos de pedra das pedreiras de Gizé e do porto do Nilo é algo que desconcertou durante muito tempo os estudiosos do assunto. O mais provável é que equipes de homens, puxando cordas presas ao ombro, arrastaram as pedras ao longo da rampa úmida até o nível de trabalho da pirâmide. Henri Chevrier, um arquiteto francês, comprovou esta teoria com 50 homens e um bloco de pedra calcária de uma tonelada colocada sobre uma rampa de barro úmido do Nilo. Surpreendeu-se ao descobrir que a enorme pedra podia ser movida facilmente sobre uma superfície nivelada... e com somente um homem puxando a corda, não 50. Quase tão importante quanto a pirâmide em si era o complexo funerário a

ANÃOS QUE ALEGRARAM SUA MAJESTADE

Os anões tinham um papel especial nas cortes do antigo Egito, alegrando os corações com seus encantos e talentos. As crônicas revelam com quanta expectativa o rei-menino, Neferkare Pépi II (2246-2152 a.C.), aguardou a chegada de um bailarino pigmeu africano a bordo de um de seus navios que regressava da Núbia. Temia que pudesse acontecer a ele algum percalço. "Apressa-te e traz contigo este pigmeu para alegrar meu coração — escreveu a Harkhuf, o comandante de sua expedição. Quando esteja contigo na embarcação, faz com que sempre haja homens valorosos a seu redor no convés, para evitar que possa cair na água."

Além de proporcionar diversão ao rei e à corte, pigmeus e anões serviam aos sacerdotes em seus rituais religiosos, que utilizavam suas danças e habilidades

relacionadas. E os anões conhecidos como *nmiu* atendiam tipicamente aos faraós em trabalhos reservados expressamente para eles, como cuidar dos animais domésticos, cuidar da comida e da roupa do rei e fabricar jóias. Os *nmiu* eram egípcios nativos, reduzidos em estatura por sua herança genética, e diferenciados dos *dng*, os pigmeus africanos que, embora baixos em estatura, eram normalmente proporcionados.

Os arqueólogos que trabalharam no Egito tinham identificado em 1990 os restos de aproximadamente 50 anões quando Zahi Hawass, diretor-geral das pirâmides de Gizé e Saqqara, achou numa tumba perto da pirâmide do rei Quéfren na meseta de Gizé o esqueleto de um anão que tinha sido copeiro desse faraó. No lado norte da tumba, alojada numa mastaba, havia uma estátua de basalto de 45 centímetros de um anão sentado agarrando uma vara (*abaixo à esquerda*) e com a inscrição: "Pyrnyankhu, o que alegra Sua Majestade todos os dias no Grande Palácio".

Hawass considerou a descoberta da estátua — numa região que já tinha sido muito estudada pelos arqueólogos — como "o momento mais excitante de minha vida. Ergui-a cuidadosamente, como se fosse um bebê, lembrou. "É magnífica", disse. "Nosso anão!".

O exame dos restos de Pyrnyankhu mostra que foi um corcunda com uma grande cabeça e pernas muito curtas. A tumba de sua esposa, Nihathorankh, que chegou a ser sacerdotisa da deusa Hátor, foi encontrada ali perto.

sua volta. O complexo de Quéops — que se distinguia em vários sentidos do de Djoser — converteu-se no padrão para os que viriam a seguir. Aqui o muro encerrava somente a pirâmide. Mais adiante havia um trio de pirâmides "satélites" menores para as três rainhas do governante, assim como vários campos de tumbas mastaba e dois templos, conectados entre si e à pirâmide principal por um pavimento elevado. Hoje, no entanto, parte do complexo original do templo da Grande pirâmide jaz enterrada sob as casas do povoado suburbano do Cairo de Nazlet el Simman. O lugar contém os restos do Templo do Vale, onde os sacerdotes realizaram os ritos funerários iniciais para Quéops, e uma longa seção de seu pavimento elevado, o caminho cerimonial privado pelo qual os auxiliares funerários transportaram o corpo mumificado de Quéops do Templo do Vale até a câmara funerária da pirâmide.

Até recentemente, os arqueólogos acreditavam que havia poucas possibilidades de achar e recuperar estas secções perdidas do complexo da pirâmide de Quéops, e somente podiam supor sua posição exata. Depois, em 1990, alguns operários que instalavam o encanamento de esgoto sob as ruas de Nazlet el Simman esbarraram com parte do Templo do Vale e uma seção do pavimento elevado. Hawass solicitou uma interrupção temporária da colocação da canalização e prospectou o lugar. Esta breve escavação permitiu aos arqueólogos determinar o caminho original do pavimento elevado. O governo egípcio espera poder transladar finalmente os residentes de Nazlet el Simman para outros alojamentos na região do Cairo para permitir uma completa escavação e restauração do complexo da Grande Pirâmide de Quéops.

Em 1954, uma limpeza de rotina de escombros da base sul da Grande Pirâmide resultou a espetacular descoberta por parte do arquiteto-arqueólogo egípcio Kamal el Mallakh de outra parte perdida da tumba do rei Quéops, uma série de poços funerários que continham barcos sagrados usados possivelmente nos ritos funerários do rei. A primeira destas embarcações foi retirada e reconstruída num meticuloso processo (*págs. 61-65*), e hoje é exibida num museu especial ao lado da pirâmide.

No entanto, as autoridades egípcias estão preocupadas de que as antigas madeiras do barco não resistam à moderna poluição do ar e aos extremos de temperatura e umidade egípcios. Por isso, mostraram-se contrárias a escavar um segundo barco, que permanece selado em seu poço rematado com pedra calcária. A presença da embarcação era somente conjeturada até 1987, quando uma equipe de especialistas sob a direção da Organização de Antigüidades Egípcia recebeu permissão para pegar amostras de seu ar confinado. Se o poço estava hermeticamente selado, como esperavam os cientistas, então aquele ar teria mais de quatro milênios de idade. Podia oferecer informação sobre o ambiente natural do antigo Egito. Após longas horas de planejamento, e com a ajuda de um equipamento altamente sofisticado para impedir a entrada do ar externo no poço, os cientistas fizeram descer um tubo de aço inoxidável até a câmara através de um buraco estanque. Recolheram trinta litros de ar, que armazenaram em seis recipientes para serem enviados a laboratórios no Egito e nos Estados Unidos. Mais tarde, naquela mesma noite, os cientistas desceram uma câmara pelo poço para estudar seu conteúdo. Enquanto a câmara examinava as partes desmanteladas do barco enterrado, suas lentes logo focaram num objeto que se movia em cima de um pedaço de madeira. "Um bicho!" — exclamou um dos observadores reunidos ao redor do monitor de vídeo instalado fora do poço. Qualquer esperança de que o poço do barco contivesse ar antigo desapareceu.

Após a morte de Quéops, seu filho Quéfren (Khafrá) e seu neto Menkauré (Micerino) construíram duas pirâmides adicionais completas, porém menores, na meseta de Gizé, com templos, pavimentos e tumbas subsidiárias. Os egípcios também proporcionaram a Gizé uma guardiã permanente: a Grande Esfinge. O rei Quéfren ordenou que a colossal estátua, de 73 metros de comprimento e 20 de altura até sua cabeça, fosse esculpida num ressalto irregular deixado para trás pelos operários de Quéops no local de uma pedreira. A estátua tem o rosto de Quéfren, completo com o toucado real e a tradicional barba falsa, mas o corpo é de um leão reclinado, a criatura mítica que os egípcios acreditavam que protegia os lugares sagrados. Continua sendo um mistério que outro significado adicional, se houve algum, seus construtores atribuíram à Grande Esfinge. Lehner, o egiptólogo norte-americano, propôs que a Grande Esfinge é Quéfren transformado em Hórus, o deus egípcio da realeza, apresentando suas oferendas a Rá, o deus sol. Para substanciar sua teoria, assinala que os egípcios completaram sua transição para uma religião voltada para o sol por volta da época do reinado de Quéfren.

Embora a Esfinge tenha permanecido desobstruída até seu leito de rocha desde 1926, durante a maior parte de seus 4.500 anos permaneceu coberta, enterrada até o pescoço sob enormes dunas de areia. Ao longo dos séculos foram realizadas várias tentativas de limpar a areia. Tutmés IV filho de Amenhotep II, executou a primeira e mais espetacular das limpezas conhecidas pelos pesquisadores lá pelo ano 1400 a.C., e tudo por causa de um sonho que teve enquanto cochilava uma tarde na meseta de Gizé. Tutmés sonhou que a Esfinge, falando como Horemakhet (um deus que combinava aspectos de Hórus e Rá), lhe dizia que um dia seria nomeado rei se livrasse a estátua da areia. Tutmés não apenas desenterrou a Esfinge, como também lhe fez um

O BARCO QUE VIAJOU ATRAVÉS DO TEMPO

Na primavera de 1954, durante uma limpeza de rotina de escombros da base sul da Grande Pirâmide em Gizé, um raro achado veio à luz. Os operários descobriram o que a princípio parecia ser parte do muro que cercava a pirâmide. Mas o arqueólogo egípcio, Kamal el Mallakh, observou que aquela seção estava muito mais próxima da pirâmide que as outras nos lados norte e oeste. Desconfiando que o muro pudesse ter sido posto ali para esconder algo, deu instruções aos operários para que cavassem mais fundo. Logo desencavaram uma fileira de 81 enormes blocos de pedra calcária em conjuntos separados que cobriam o que parecia ser poços gêmeos.

Poucos dias mais tarde, Mallakh abria um pequeno buraco numa das lajes de 1,8 metros de espessura. Após retirar os fragmentos, olhou através dele. Devido à escuridão não pôde ver nada. "Fechei os olhos como um gato — lembrou mais tarde —, e quando meus olhos se fecharam cheirei o incenso, um cheiro muito, muito, muito sagrado. Cheirei o tempo. Cheirei os séculos. Cheirei a história."

Olhando pela cavidade com a ajuda da luz do sol refletida em seu espelho de barbear, Mallakh distinguiu a extremidade pontiaguda de um remo e percebeu que tinha tropeçado realmente com uma surpreendente relíquia histórica. A apenas poucos metros de seus pés estavam as peças desmontadas de um barco inteiro de cedro, parte do tesouro funerário de Quéops, o construtor da Grande Pirâmide, que tinha morrido há cerca de 4.500 anos.

O barco, um dos poucos artefatos sobreviventes de grande tamanho que pertenceram ao governante do Império Antigo, estava notavelmente bem conservado, um tributo ao cuidado com o que os antigos egípcios o tinham selado em seu poço.

Tal como é detalhado nas páginas seguintes, os arqueólogos não foram menos cuidadosos, e empregaram 16 anos para retirar e reconstruir a embarcação. Sem desejar forçar a sorte, deixaram intocada uma segunda embarcação no poço adjacente.

Os operários levantam cuidadosamente uma seção do casco do barco mais antigo do mundo do poço de 3,5 metros de profundidade no qual jazia há 4.500 anos. As últimas peças foram retiradas três anos depois do descobrimento inicial.

UM RESTAURADOR EGÍPCIO TRANSFORMADO EM CONSTRUTOR DE BARCOS

A escavação e reconstrução do barco de Quéops foi uma aventura extraordinária. Foi chamado para encabeçar o esforço um dos principais restauradores egípcios, Hag Ahmed Youssef Moustafa, que tinha passado 20 anos trabalhando em algumas das magníficas pinturas murais das tumbas de Tebas. Quando ouviu falar da nova descoberta em Gizé, apressou-se a ir examiná-la.

Sua primeira olhada no poço quase o deixou sem fôlego. "Senti-me ansioso e cheio de receio. Não sabia absolutamente nada sobre construção de barcos, e parecia que aquele trabalho necessitava mais de um carpinteiro ribeirinho que de um restaurador."

As tarefas preliminares, no entanto, consistiam em abrir o poço, retirar as mais de 1.200 peças da embarcação e, no processo, protegê-las da deterioração. À medida que cada uma das lajes de pedra calcária de 14 toneladas era erguida e retirada, era substituída por um bloco de madeira para manter os níveis de temperatura e umidade dentro do poço. As pranchas de madeira do barco foram depois transferidas uma por uma para um galpão de restauração perto do poço e tratadas com preservativos. Os componentes mais delicados como as esteiras de juncos e as cordas de linho foram embebidas de resina para ajudar a mantê-las unidas.

Enquanto isso, Hag Ahmed aprendeu tudo o que foi possível sobre a construção de embarcações de madeira. Todos os dias, durante três meses, visitou os estaleiros do Nilo para observar os artesãos locais trabalhando; fez anotações, fez perguntas, e mais tarde construiu numerosos modelos em escala para praticar. Quando as últimas peças foram retiradas do poço, Hag Ahmed estava prepa-

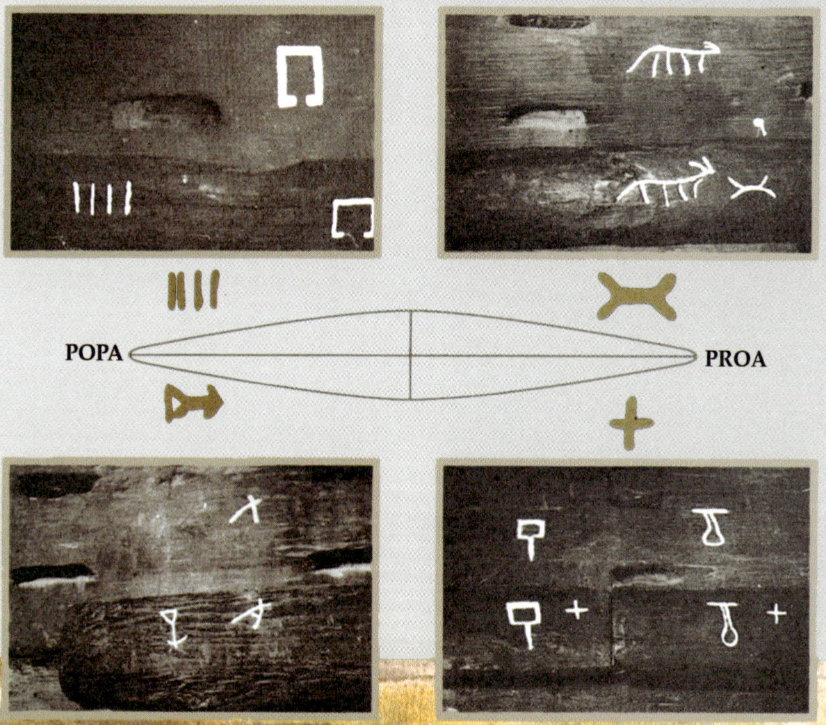

Nas fotografias da direita, os símbolos hieráticos emparelhados — uma versão abreviada de hieróglifos — em tábuas adjacentes confirmam que as pranchas foram corretamente colocadas. Outros quatro símbolos, mostrados também no centro do desenho, indicam a parte do barco a que corresponde cada peça.

Entre os menores objetos encontrados no poço havia pedaços de madeira entalhados para serem embutidos nos buracos dos nós das tábuas (*extremo esquerdo*) e cabos feitos com cordas de linho (*esquerda*).

rado para enfrentar o autêntico desafio.

De todo modo, ainda assim estava diante de uma tarefa impressionante. Visto que as especificações do projeto do antigo barco eram desconhecidas, era difícil dizer que peças deveriam ir em que lugar. Hag Ahmed guiou-se principalmente pela ordem em que tinham sido colocadas as pranchas no poço. As pranchas de bordo e estibordo, por exemplo, estavam em geral emparelhadas, o que praticamente reduzia à metade o trabalho de adivinhação.

Hag Ahmed e sua equipe completaram cinco reconstruções separadas, cada uma enfocando uma parte específica do barco ou corrigindo erros anteriores. Lá pelo final da quarta reconstrução, um ajudante percebeu que os símbolos de muitas das tábuas (*esquerda*) indicavam realmente onde elas encaixavam umas nas outras. Curiosamente, somente foi preciso fazer algumas poucas correções na remontagem final.

O chefe restaurador Hag Ahmed Youssef Moustafa trabalha numa pequena réplica do casco do barco de Quéops. Embora a intenção original fosse a de utilizar estes modelos para decifrar a construção da embarcação inteira, ele começou a encaixar entre si os madeirames reais pouco depois de terem completado a escavação.

Uma imagem composta pintada à mão mostra o barco desmontado, tal como apareceu pela primeira vez quando o poço foi inteiramente destampado em 1955. As madeiras estavam colocadas em 13 camadas, cada uma das quais foi cuidadosamente fotografada e catalogada antes de ser retirada.

UM TRABALHO HÁBIL PARA UM PROJETO SAGRADO

Em sua forma final reconstruída, o antigo barco de Quéops atesta não apenas a habilidade de seus restauradores, como também a experiência e a capacidade artística de seus construtores originais. Os arqueólogos, no entanto, concordam em pouca coisa além da excelência de sua confecção e de seu encanto estético: a função do barco continua sendo tema de intenso debate.

Os especialistas baseiam suas teorias em diferentes indivíduos. A estreiteza do barco, a proa e a popa em forma de fuso identificam-no como um barco papiriforme, um desenho que imita as balsas de papiro, cujos feixes de juncos estavam estreitamente amarrados nas extremidades e arqueados para cima. Os detalhes do trabalho refletem também o mesmo tema: a parte superior das colunas delgadas que se erguem do convés está entalhada em forma de brotos de papiro (*extremo direita*). As balsas de papiro, possivelmente o tipo mais antigo de barco egípcio, eram tradicionalmente associadas aos deuses. Alguns teóricos especulam assim que esta embarcação foi projetada para ser usada por Quéops na outra vida, para levá-lo ao céu em companhia do deus sol, Rá. De fato, os antigos egípcios acreditavam que o sol viajava num tipo de barco solar como este durante o dia, mudando para um barco noturno para sua viagem pelo além-túmulo.

Outra escola de pensamento sustenta que a embarcação realmente navegou outrora pelo Nilo. Algumas das tábuas do casco mostram sinais de desgaste por fricção com as cordas de linho usadas para mantê-las unidas, talvez como resultado do inchaço da madeira e do encolhimento do conjunto de cordas uma vez expostos à água. Baseados nestas evidências, Hag Ahmed, entre outros, acredita que o barco fazia parte do cortejo funeral de Quéops, e que é possível que tenha transportado seu corpo de Mênfis até a tumba real em Gizé. Alguns afirmam que também o levou numa peregrinação sagrada e em conseqüência ganhou o direito de ser enterrado como uma relíquia sagrada. É até mesmo possível que tenha servido a todas as três funções.

Seja qual for que tenha sido seu propósito, as elegantes linhas da embarcação e a precisão de seu encaixe exemplificam os altos padrões da IV Dinastia, a era de alguns dos mais esplêndidos triunfos artísticos e técnicos do antigo Egito. O barco encontra-se hoje num museu construído em cima do poço onde permaneceu durante tanto tempo.

Com seus quase 50 metros da proa à popa, o barco remontado de Quéops inclui uma cabine perto da popa (*na ponta à direita*). É possível que um dossel de linho cobrisse originalmente tanto esta quanto a estrutura aberta estendida.

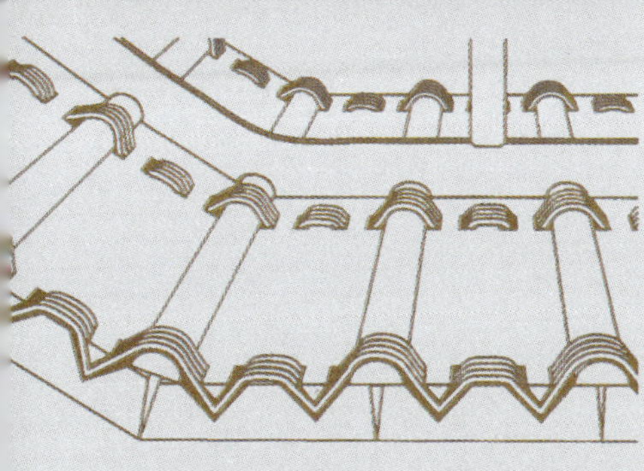

A fotografia e o desenho acima ilustram a armação superior e inferior que conserva o casco unido entre si sem atravessar o exterior. Estreitas traves enlaçadas diretamente sobre as costuras entre as pranchas vedavam a embarcação e preveniam a necessidade de calafetagem.

Um ajudante do museu retira o pó de um dos cinco pares de remos que foram encontrados com a embarcação. Na falta de evidências diretas, os restauradores somente puderam supor qual era a posição dos remos e a forma como estavam unidos ao barco.

pouco de cirurgia plástica: recobriu seu corpo com blocos de pedra calcária e pintou de vermelho, azul e amarelo. Como seu sonho tinha profetizado, Tutmés tornou-se faraó. Para mostrar sua gratidão, fez inscrever uma alta estela de granito com a história de seu sonho e a pôs entre as gigantescas garras da Esfinge.

Faraós posteriores construíram uma capela em redor da estela de Tutmés e consertaram as patas muito erodidas da Esfinge. No século IV d.C., no entanto, a areia voltou a engolir a Esfinge até o pescoço. Permaneceu assim até 1818, quando Giovanni Caviglia, um capitão marítimo genovês que procurava uma comentada entrada escondida, limpou a areia em volta do peito da estátua. Embora não tenha achado nenhuma abertura, redescobriu a capela e a estela de Tutmés. Vinte anos mais tarde, o engenheiro civil e topógrafo inglês John Shae Perring, que também procurava uma forma de entrar na Esfinge, fez uma série de orifícios em seu corpo. Ele igualmente fracassou em achar uma entrada, mas os buracos, que não foram reparados até a década de 1920, deixaram que a água da chuva se infiltrasse dentro da estátua, contribuindo possivelmente para sua deterioração. No entanto, é possível que tanto Caviglia quanto Perring tivessem razão em suas convicções, visto que uma equipe japonesa de pesquisadores, utilizando equipamento não destrutivo de radar e eletromagnético, encontrou em 1987 instigantes evidências de cavidades e túneis ainda não explorados no solo debaixo do monumento.

Mais ou menos três séculos depois da conclusão da Esfinge e das três pirâmides de Gizé, a grande época da construção de pirâmides tinha chegado ao fim no Egito. Pépi II, cujo reinado marcou o fim do poder centralizado no Egito por vários séculos, ergueu a última pirâmide do Império Antigo em Saqqara. Para recapturar a glória do passado, os faraós reviveram a construção das pirâmides durante a XII Dinastia do Império Intermediário (2040-1640 a.C.), mas estes reis posteriores não pretenderam igualar as pirâmides mais espetaculares do Império Antigo. Feitas basicamente de tijolos de barro secos ao sol mais que de blocos de pedra, as pirâmides da XII Dinastia acabaram desmoronando em enormes pilhas de cascalho, minadas por anos de sol e vento, e pelas raras, porém intensas, chuvas egípcias.

No início do Império Novo, por volta de 1550 a.C., os faraós preferiam ser enterrados em tumbas de rocha nos penhascos próximos a Tebas, a nova capital a 520 quilômetros ao sul de Mênfis. A nobreza egípcia, no entanto, não abandonou por completo as antigas necrópoles de Mênfis. Ao final da XVIII Dinastia, durante outra ressurreição do interesse pelo passado, ao que tudo indica os cortesãos reais e o pessoal administrativo e o alto-comando militar competiam entre si para ver quem podia construir as tumbas e as capelas funerárias mais

PROPORCIONAR À ESFINGE CORROÍDA PELO TEMPO UMA PLÁSTICA COMPUTADORIZADA

Um fanático muçulmano do século XV arrancou seu nariz; os soldados de Napoleão crivaram sua cabeça com disparos de rifle; e em 1988, dois pedaços de seu ombro direito soltaram-se e caíram no chão. Recentemente, no entanto, a Esfinge, o majestoso leão com rosto de faraó, exibiu seu enigmático sorriso na tela de um computador (*direita*), livre destes insultos históricos.

Esta restauração eletrônica começou como uma idéia do egiptólogo norte-americano Mark Lehner. Junto com seu colega alemão, Ulrich Kapp, passou meses desenhando e medindo a Esfinge de todos os ângulos e utilizando uma câmara estereoscópica emprestada pelo Instituto Arqueológico Alemão no Cairo para tirar imagens detalhadas do monumento corroído pelos elementos e danificado pela poluição.

Depois, Lehner recorreu à ajuda de um arquiteto norte-americano, Thomas Jaggers, um especialista em CAD, design auxiliado por computador, que colocou desenhos na tela do computador, inserindo todos os contornos verticais e bidimensionais da Esfinge. Sobre eles Jaggers traçou mais de 2,5 milhões de pontos superficiais sobre os quais criou uma "pele". O resultado foi um modelo tridimensional exato que podia ser manipulado para ser observado de qualquer ângulo.

A etapa seguinte foi criar uma imagem de qual deveria ser o aspecto do gigante agachado para os antigos egípcios. Lehner recolheu imagens de vários faraós, entre eles Quéfren, que foi quem mandou esculpir a Esfinge num ressalto de pedra calcária a cerca de 4.500 anos. Lehner sobrepôs seus traços um após o outro sobre o modelo. "Com o rosto de Quéfren — disse —, a Esfinge adquiriu vida."

Para completar a reconstrução, Lehner estudou seis estelas, ou lajes inscritas, escavadas na Esfinge nos anos 1930, que mostravam uma alta estátua do faraó Amenhotep II entre as patas dianteiras estendidas do monumento. Hoje em dia resta apenas seu pedestal. Mas de novo, através da tecnologia do computador, Lehner pôde repor uma versão imaginária da obra em seu lugar. A estátua foi erguida, ao que parece, graças à devoção do filho de Amenhotep, Tutmés IV, que, mais de mil anos depois de a Esfinge ter sido esculpida, iniciou sua primeira restauração, e a atualizou até o ponto de mandar pintá-la de vermelho, azul e amarelo.

impressionantes em Saqqara. Por conseguinte, longas avenidas destas capelas se estenderam ao longo das areias de Saqqara, cobrindo com freqüência as tumbas do Império Antigo.

Durante os últimos anos do Império Novo, a necrópole de Saqqara tornou-se também a localização de uma tumba muito incomum: o Serapeum, uma enorme catacumba com várias câmaras onde o povo de Mênfis enterrava seus touros Ápis sagrados. Os egípcios viam nestes animais a encarnação do deus criador Ptah (mais tarde Serápis), e os identificava por suas marcas peculiares. Segundo o historiador grego Heródoto, que visitou o Egito no século V a.C., quando ainda florescia o culto de Ápis, os egípcios acreditavam que um relâmpago descia dos céus sobre uma vaca favorecida, "e isto faz com que ela receba Ápis". O novilho macho resultante, escreveu, "tem marcas características: é negro, com um diamante branco na testa, a imagem de uma águia no lombo, os pêlos duplos na cauda, e um escaravelho sagrado sob a língua".

Os sacerdotes alimentavam e cuidavam de cada touro Ápis durante toda sua vida, provendo-o dos melhores alimentos e do melhor lugar no estábulo e de um sortimento das melhores vacas. Quando o touro morria, os sacerdotes o mumificavam sobre uma enorme laje de alabastro num templo especial em Mênfis. Depois, com muita pompa, os auxiliares funerários transportavam o touro ao Serapeum de Saqqara, onde os sacerdotes realizavam mais rituais durante o sepultamento do animal. Uma vez liberado o *ka*, ou espírito, do touro mediante estes ritos, iniciava-se a procura de um sucessor para o animal. Grande parte do elaborado ritual relacionado aos enterros Ápis pode ser rastreado até o príncipe Khaemwaset que, além de reformar as tumbas do Império Antigo, serviu como sumo sacerdote do deus Ptah em Mênfis e guardião dos Ápis.

O culto ao touro Ápis extinguiu-se possivelmente no século II d.C., e o Serapeum desapareceu gradualmente sob as areias de Saqqara. Foi redescoberto em 1851 pelo egiptólogo francês Auguste Mariette. Um dia, enquanto cruzava a pé a meseta de Saqqara, Mariette reparou na cabeça de uma pequena esfinge que despontava da areia. Lembrou de imediato de uma referência feita pelo antigo geógrafo grego Estrabão a uma avenida de esfinges em Saqqara. Estrabão, que tinha visitado a necrópole em 24 a.C., tinha dito que as esfinges conduziam a uma antiga e sagrada tumba dos touros Ápis, o Serapeum.

Arriscando sua reputação — e a pequena quantia de dinheiro que o Louvre lhe tinha concedido para seus estudos —, Mariette iniciou sua procura do Serapeum. As escavações tiveram um sucesso imediato. Mariette desenterrou uma esfinge após a outra, assim como diversas tumbas e capelas e centenas de magníficas estátuas de bron-

Enterrada durante quase 3,5 milênios, uma estátua do rei Menkauré e de sua rainha emerge do chão em 19 de junho de 1910. A majestosa peça é um dos mais esplêndidos tesouros desenterrados pelo arqueólogo norte-americano George Reisner e sua equipe enquanto escavavam em volta da pirâmide de Menkauré, a menor das três pirâmides principais de Gizé.

ze de touros Ápis e de outras divindades egípcias. Finalmente, em novembro de 1851, Mariette e seus operários alcançaram o próprio Serapeum, selado atrás de uma ornamentada porta de pedra arenítica. Com grande esforço os operários removeram aquele obstáculo final, e Mariette entrou ansiosamente na rede de galerias subterrâneas da tumba, que percorrem mais de 240 metros. "Havia numerosas abóbadas — escreveu mais tarde Mariette. Algumas estavam vazias, outras continham enormes sarcófagos. Contei 24." Ficou assombrado pelo tamanho destes gigantescos sarcófagos de granito: Cada um media 4 metros de comprimento por 2,3 de largura e pesava pelo menos seis toneladas, um tamanho mais que suficiente para um touro mumificado. Os corpos dos animais outrora sagrados tinham sido despojados havia séculos de tudo que traziam de valor. Porém, meses mais tarde, em outro grupo de tumbas Ápis situadas na mesma região que o Serapeum, Mariette achou uma abóbada com o sarcófago de um touro que não tinha sido violada. Quando se aproximou do ataúde, Mariette viu na densa poeira do chão as pegadas impressas dos sacerdotes que tinham enterrado o animal ali há 3.000 anos.

Uma das mais intrigantes descobertas de Mariette envolvia um ataúde de madeira achado intacto nos recônditos do Serapeum. Continha a múmia de um homem, não de um touro, possivelmente os únicos restos humanos já encontrados no Serapeum. Uma máscara dourada cobria seu rosto, e trazia uma corrente de ouro com dois amuletos de jaspe. Ambos traziam o mesmo nome: Khaemwaset. Quando viu os amuletos por primeira vez, Mariette tremeu levemente. "Era a múmia do príncipe Khaemwaset em pessoa o que tínhamos diante de nossos olhos, aquele homem tão devotado ao touro Ápis?", perguntou-se mais tarde.

Os arqueólogos modernos ainda se perguntam se a múmia com a máscara dourada é o corpo de Khaemwaset, talvez transladado ao Serapeum de sua tumba original pelos adoradores do culto de Ápis centenas de anos após sua morte. Porque Khaemwaset não tinha sido esquecido pelo povo egípcio. De fato, os narradores continuaram contando histórias de sua sabedoria e seu amor pela história durante mais de mil anos, mesmo depois de o último faraó ter sido varrido do poder e o Egito ter sido transformado numa província do Império Romano.

Em Saqqara, a primeira das grandes necrópoles de Mênfis, os arqueólogos ainda continuam fazendo novas e animadoras descobertas apesar do fato de, como assinalou o arqueólogo britânico Geoffrey Martin, "tudo ter sido saqueado e vandalizado na antigüidade, pirâmides e templos e até tumbas particulares". Em 1975, Martin iniciou ali a procura da tumba de Maya, supervisor do tesouro durante o governo do rei-menino, Tutancâmon, e um dos funcionários mais influentes de sua época. A tumba já tinha sido achada antes, em 1843, pelo egiptólogo alemão Karl Richard Lepsius, mas as areias do deserto não demoram a recobrí-la. Utilizando o mapa de Lepsius como guia, Martin e sua equipe de operários desenterraram uma grande coluna de pedra; o mapa de Lepsius, no entanto, revelou-se mal elaborado, e a coluna não trazia a imagem e o nome de Maya, mas sim o de outro e ainda mais poderoso oficial de Tutancâmon, Horemheb, um comandante do exército que estava designado a tornar-se ele próprio um faraó. Martin escreveu mais tarde: "Ficamos convencidos de que, por um milagre, tínhamos encontrado a tumba há longo tempo perdida de um dos homens mais famosos do Egito, Horemheb, cujas ações eram bem conhecidas por todos os pesquisadores graças aos muitos monumentos sobreviventes e outras fontes". Horemheb, que tinha iniciado sua tumba antes de ser faraó e que a tinha abandonado depois de alcançar o poder para então mandar construir para si uma nova tumba no Vale dos Reis em Tebas, usou-a como lugar de descanso final para sua primeira e segunda esposas.

ENCARNAÇÕES TERRESTRES DOS ANTIGOS DEUSES

As vastas cidades dos mortos debaixo das dunas do Egito não contêm apenas restos humanos, como também os corpos mumificados de milhões de animais, todos eles cuidadosamente envolvidos em linho, com muitos dentre os menores colocados em frascos protetores de cerâmica. Os egípcios acreditavam que estas criaturas — que incluem touros, gatos, pássaros, símios, roedores, e até mesmo insetos e ovos — encarnavam qualidades de deuses específicos, e que devido a este *status* divino eram respeitados na vida e enterrados com honras ritualistas após sua morte.

Os animais, no entanto, não eram considerados deuses verdadeiros, mas apenas suas manifestações terrestres. Em alguns casos, todos os membros de uma espécie podiam ser imbuídos com a divindade; todos os gatos, por exemplo, representavam a deusa da fertilidade Bastet; todos os íbis e babuínos, o sábio Tot; e cada falcão, o deus do céu Hórus. Muitos espécimes parecem ter sido criados em cativeiro em vários centros de culto, mortos e embalsamados ritualmente, e depois vendidos para oferendas aos deuses.

No caso do culto ao touro Ápis, um macho especial servia para representar o deus Ptah, e mais tarde também a Osíris. Identificado ao nascer por certas marcas físicas, o animal levava uma vida confortável (junto com sua louvada mãe) e era enterrado com toda a pompa de um faraó.

Apesar de ser sido saqueada há séculos pelos ladrões, a tumba de Saqqara ainda continha relevos belamente entalhados que mostravam cenas da carreira pública do general. Num deles Horemheb aparece recebendo recompensas de seu jovem faraó, ao qual serviu como regente; outro o mostra comissionando, um trabalho cerimonial que normalmente cabia apenas ao rei, o que demonstra o poder que exercia Horemheb no governo de Tutancâmon. Muitas cenas militares também decoram a tumba, inclusive uma de um acampamento na qual um soldado come uma cebola enquanto outros sovam a massa para o pão ou enchem odres com a água de riachos próximos. Em outra câmara, Martin encontrou os ossos da segunda esposa de Horemheb, Mutnodjmet, e os de um feto ou bebê recém-nascido, o que sugeria que a mulher tinha dado a luz a um natimorto ou que tinha morrido no parto.

Após escavar a tumba de Horemheb, Martin dedicou-se a desencavar as tumbas vizinhas das homônimas Tia e Tia, irmã e cunhada de Ramsés II, e as de vários outros importantes funcionários e cidadãos da Mênfis do Império Novo. No entanto, não tinha esquecido sua busca inicial da desaparecida tumba de Maya. Depois, no início de 1986, enquanto se arrastava por uma passagem subterrânea recém-escavado, Martin e um colega esbarraram com uma escada que conduzia para baixo até uma tumba adjacente desconhecida. "Transcorreu um momento ou dois enquanto percorríamos a escada, com cuidado para não alterar nada em nossa descida — escreveu Martin. Os antigos ladrões devem ter passado por aquele lugar ao abandonar as câmaras subterrâneas, e sempre havia a possibilidade de terem deixado cair algo em sua ânsia de escapar para o ar fresco de cima." Mas, ao contrário dos ladrões de muitos séculos atrás, os dois arqueólogos dispunham de tempo. "Não esperávamos achar nada espetacular — lembrou Martin —, e naqueles momentos estávamos ocupados no prosaico assunto de colocar na posição o cabo de nosso gerador, situado no deserto a cerca de 25 metros acima de nossas cabeças. Passou um ou dois segundos; meu colega holandês e eu erguemos a lâmpada acima de nossas cabeças e olhamos para baixo mais adiante da escada. Não estávamos nem um pouco preparados para o que nossos olhos viram: um aposento cheio de relevos esculpidos, pintados numa intensa cor amarelo-ouro!" O colega de Martin estudou o texto dos relevos com olho treinado. "Meu Deus, é Maya!", exclamou. Porque, efetivamente, as inscrições nas paredes pintadas revelavam que a tumba do tesoureiro de Tutancâmon tinha sido finalmente encontrada.

Os touros Ápis, como este de bronze de uma figura votiva da XXVI Dinastia, foram venerados por toda a antigüidade egípcia, e quando morriam eram enterrados num grande sarcófago de pedra.

A adoração dos touros, e dos animais em geral, remonta à época pré-dinástica, quando cada povoação tinha seu próprio deus e seus animais totêmicos. Alguns deuses e seus representantes conquistaram uma importância nacional após a unificação do Baixo e do Alto Egito, enquanto outros cultos floresciam em pequenos bolsões, chegando até os tempos greco-romanos.

Assim que foi localizada sua subestrutura, Martin e seu companheiro sabiam que acima deles tinha que estar a superestrutura do sepulcro. Agora enfrentavam um dilema: podiam esvaziar, como dizia Martin, "o corredor bloqueado e penetrar nas câmaras funerárias (onde podíamos encontrar todo tipo de descobertas fascinantes), ou podíamos selar a área e o poço que tínhamos descoberto por acaso e adiar a escavação da subestrutura até uma futura temporada de trabalho". Se estivessem no século XIX, quando os arqueólogos conduziam levianamente a abordagem de suas escavações do que fazem hoje, Martin teria se lançado ao aposento amarelo, cuja cor, relacionada ao sol nascente na concepção egípcia, simbolizava a ressurreição e o renascimento. "A maioria das pessoas, e, obviamente, a imprensa, mostrou-se um tanto assombrada quando optei pelo último expediente — confessou. Como podíamos conter nossa impaciência durante 12 meses ou mais? As razões são diretas e até mesmo prosaicas: os arqueólogos não são caçadores de tesouros, o trabalho subterrâneo necessitaria em qualquer caso de uma cuidadosa previsão e planejamento, e logisticamente era muito mais sensato trabalhar a partir da superfície do deserto para baixo que o inverso." A ciência tinha prevalecido.

Quando, dois anos mais tarde, Martin finalmente entrou na tumba, achou no caos criado séculos antes pelos ladrões uma infinidade de evidências de que seu conteúdo deve ter sido suntuoso. Fragmentos de folheado de ouro arrancados dos ataúdes pelos ladrões e outros objetos funerários jaziam ainda no chão, e foram recuperados vários elos de uma corrente de ouro. Massas de incrustações de cristal e vários tipos de pedra jaziam espalhados por todo lado, junto com fragmentos de marfim entalhado de móveis ou caixas. Entre os poucos objetos intactos havia 12 jarras de cerâmica, cujas tampas lacradas tinham sido quebradas pelos ladrões em sua procura de tesouros. Quando Martin olhou seu interior, viu por que não tinham sido levadas com eles. Os recipientes continham algo muito comum para que eles se dessem ao trabalho: farinha e pão.

As pirâmides, os mais antigos monumentos maciços de pedra do mundo, assim como os mais impressionantes, têm o poder de inflamar a imaginação. As pessoas sempre foram precipitadas em acreditar em teorias singulares sobre elas. Um astrônomo escocês, por exemplo, viu codificadas nas dimensões da Grande Pirâmide não apenas a distância entre a Terra e o Sol, como também as datas do êxodo dos judeus do Egito e o fim previsto do mundo, 1881.

A pesquisa séria é mais meticulosa, como convém a essas enormes estruturas construídas com surpreendente precisão. Cada um dos quatro lados da Grande Pirâmide, que foi construída pelo rei Quéops há mais de 45 séculos, mede cerca de 230 metros. A diferença entre o lado mais longo e o mais curto é de apenas 20 centímetros. Nada mal para uma montanha construída pelo homem com cerca de 2.300.000 pedras com um peso médio de 2.250 quilos cada uma, que se elevava a uma altura de 147 metros, e que foi erguida sem ferramentas modernas (nem mesmo rodas ou cinzéis de ferro).

Os incalculáveis recursos dedicados às pirâmides atestam não apenas o poder e a riqueza dos primeiros governantes do Egito, como também a energia das dezenas de milhares de trabalhadores camponeses que Quéops manteve trabalhando durante 23 anos na construção de sua pirâmide.

Com toda a durabilidade com que foram construídas as pirâmides, é irônico que tenham cedido tão pouco à natureza, mas tanto ao homem. Os antigos egípcios foram os primeiros vândalos, saqueando as tumbas e retirando o revestimento de pedra calcária para usá-lo em outros edifícios, uma mutilação que foi posteriormente retomada. Com o aumento do turismo, a corrosão foi acelerada. Enxames de intrépidos escaladores danificaram as pirâmides e puseram em risco suas vidas. Graças às leis egípcias promulgadas em 1983, os quatro diminutos aventureiros da fotografia acima, que escalam a pirâmide de Quéops, estiveram entre os últimos a realizar esta proeza, embora ainda seja permitido que os turistas entrem nela. Os condutores de camelos e os falcoeiros, que devem ter importunado até o historiador grego Heródoto quando se aproximou das pirâmides, agora são mantidos longe dos monumentos.

O PRIMEIRO COMPLEXO DE PIRÂMIDE

A pirâmide mais antiga, a Pirâmide Escalonada de Saqqara, no deserto aberto ao sul do Cairo, cresceu das vaidades e habilidades de dois homens: o rei Djoser e seu arquiteto chefe, Imhotep. Construída por volta de 2630 a.C., exibiu uma nova forma radical, tão nova que os egípcios transformaram sua silhueta no hieróglifo para expressar a "colina primordial", o primeiro trecho de terra que emergiu do caldo inicial.

Antes que as pirâmides se transformassem na tumba padrão para os primeiros governantes do Egito, nobres e funcionários de alta categoria eram assentados para seu descanso eterno em sepulcros retangulares de teto plano feitos com tijolos de barro, de aproximadamente 3,5 metros de altura, hoje conhecidos como mastabas. A tumba de pedra de Djoser possivelmente tinha esta forma no começo. Depois, à medida que progredia a construção e evoluía o conceito, Imhotep começou a situar uma estrutura de pedra de teto plano em cima de outra, e continuou até criar seis "degraus" pelos quais o rei poderia subir aos céus depois da morte. Assim nasceu a primeira pirâmide, e Imhotep lançou-se numa carreira que o conduziu, gerações mais tarde, a ser elevado ao *status* de semideus. Foi certamente o primeiro grande arquiteto em pedra do Egito, após inventar a maneira de erguer edifícios inteiros com pedra calcária entalhada com toda precisão.

Imhotep cercou a pirâmide de Djoser com um enorme complexo de pátios funerários e capelas, e com um muro protetor que percorria uma extensão de 1,5 quilômetro aproximadamente e que atingia a altura de dez metros. O complexo servia como local simbólico para o *heb-sed*, uma festividade, ou cerimônia de rejuvenescimento, que o rei tinha celebrado na corte durante seu reinado e que se acreditava que continuaria celebrando na eternidade.

A firme crença dos egípcios numa vida além da morte era a força fundamental que conduziu ao amontoamento de pedras numa escala tão monumental. A Pirâmide Escalonada erguia-se a uma altura de 62 metros, as pirâmides posteriores eram ainda mais altas. E não bastava que uma pirâmide fosse imensa; tinha de ser construída tão solidamente que pudesse durar para sempre.

A Pirâmide Escalonada de Djoser gravita sobre seu enorme complexo funerário, cada elemento do qual era destinado a servir o rei em sua segunda vida. Embora o complexo se encontre a maior parte em ruínas, exceto por algumas seções que foram restauradas pelo arqueólogo francês Jean-Philippe Lauer, a sobreposição dourada mostra qual era o seu possível aspecto antes que fosse castigado pelo tempo e pelos saques.

EVOLUÇÃO DE UMA FORMA FAMILIAR

Quanto se elevam as pirâmides do Egito comparadas a alguns dos monumentos mais conhecidos do mundo? Em puro volume de construção, as pirâmides são uma categoria à parte. As silhuetas de cima, da esquerda para a direita, contam a história em termos de altura:

- *Estátua da Liberdade, 92,5 metros*
- *Pirâmide Escalonada, 62 metros*
- *Taj Mahal, 95, 5 metros*
- *Pirâmide Achatada, 105,6 metros*
- *Basílica de São Pedro, 139,8 metros*
- *Grande Pirâmide de Gizé, 146,8 metros*
- *Catedral de Colônia, 157,9 metros*

A origem das maiores tumbas do mundo pode ter partido das observações da Terra e de suas estações. Durante o tempo em que os seres humanos habitaram o vale do Nilo, houve um pacto com a natureza: em troca do enriquecimento anual de seu solo, suportaram as forças lançadas contra eles. Todo ano, o poderoso Nilo trazia da África a essência da vida em meio de um rugido de águas lamacentas que inundavam os campos egípcios durante meses. Mas de novo, todos os anos, observavam o recuo da inundação e viam despontar pequenas colinas, uma gênese anual que reencenava o mito da criação: a terra emergia de novo, colina por colina, do caos líquido. Estas observações devem ter levado a uma reverência em relação às estruturas em forma de monte que conduziu à obsessão nacional em relação às pirâmides. A Pirâmide Escalonada parece ter nascido desta crença fundamental.

Porém, se uma colina representava a criação, o sol era então um farol que chamava os reis para a vida eterna num mundo superior. De fato, durante certos dias, quando as nuvens esfarrapadas pendiam sobre o Deserto Oriental, os raios oblíquos do sol forneciam o modelo celeste para a pirâmide mais típica, com seus lados fortemente inclinados. A forma logo acompanhou a filosofia. Os egípcios retificaram sua crença de que o espírito de seu rei subia aos céus sobre degraus simbólicos, e o modo real de ascensão passou a ser os raios solares.

A transição para os lados inclinados da pirâmide típica pode ter ocorrido em Meidum, a cerca de 60 quilômetros ao sul da Pirâmide Escalonada. Ali foi erguida uma tumba de sete degraus. Após acrescentarem um oitavo degrau, alguém teve a idéia de preencher os espaços intermediários com alvenaria e encaixar pedra calcária em toda a estrutura. O resultado foi uma tumba mais próxima a uma autêntica pirâmide que qualquer outra que um egípcio tivesse visto antes, mas, assim procedendo, não se constrói para a eternidade: no devido tempo, as pedras do revestimento foram arrancadas pelos saqueadores. A Pirâmide Achatada do rei Snefru parece refletir um esforço por criar uma autêntica pirâmide; ergue-se do deserto com lados retos exceto por uma característica: íngremes na base, "achatam-se" para uma inclinação mais suave por volta da metade da altura.

Graças a experimentos como estes, a pirâmide evoluiu rapidamente até seu clímax na gigantesca tumba de Quéops, a Grande Pirâmide, preservando um traço comum à maioria delas: uma entrada voltada para o norte. Isto foi feito para alinhar o portal com as estrelas circumpolares, as quais, pelo fato de parecerem estáticas no céu, eram consideradas eternas e, portanto, um destino adequado para a viagem celeste do rei.

Na época em que sua tumba foi construída, Quéops, o filho e sucessor de Snefru, herdou uma tecnologia que identificava o rei com o culto em evolução do sol. Teve uma profunda influência sobre todas as pirâmides que viriam a seguir. O rei acompanharia Rá, o deus sol, ao céu. Como expressou um texto do culto: "Que o céu fortaleça os raios do sol para ti, de modo que possas subir aos céus como o olho de Rá". Assim, a pirâmide de Quéops, a maior, uma das Sete Maravilhas do Mundo, seis milhões de toneladas de pedra cortada à mão que cobriam mais de cinco hectares, ergueu-se em direção ao céu sustentada pela fé nos raios solares.

A Pirâmide Escalonada (*quadro, acima*) iniciou uma rápida evolução dos locais de sepultamento reais de modestas tumbas para autênticas pirâmides. A única Pirâmide Achatada (*quadro, abaixo*) marcou a transição para a Grande Pirâmide (*abaixo*), o paradigma nunca igualado que maravilhou o mundo.

DENTRO DA GRANDE PIRÂMIDE

Não é surpreendente que, das Sete Maravilhas do Mundo, somente a Grande Pirâmide tenha sobrevivido. As outras eram simples jardins, estátuas, templos. Mas se espera que as montanhas de pedra sobrevivam a tudo menos à geologia, embora tenham sido criadas por mortais.

No momento após a primeira e surpreendente visão da Grande Pirâmide por um estudioso ou turista surgem as perguntas: O que existe dentro? Qual era sua finalidade? Como foi posta aí?

Em termos puramente físicos, deixando de lado a teologia, a Grande Pirâmide foi construída como um repositório inexpugnável para a múmia do rei Quéops. No entanto, não importa o quanto os arquitetos se esforçaram para selar sua câmara funerária por toda a eternidade, os ladrões de tumbas conseguiram não apenas alcançá-la como sair dela, levando embora os tesouros do reino. Venceram as elaboradas e monolíticas salvaguardas de passagens falsas e portas corrediças colocadas em diversos lugares para bloquear a entrada, e superaram todas as superstições que podiam tê-los impedido de entrar na tumba.

Ver e escalar uma pirâmide são uma coisa. Atrever-se a penetrar em seus escuros recônditos é algo completamente distinto. Não é simplesmente uma questão de seguir um túnel até a câmara funerária do rei. Passagens e câmaras suplementares — algumas construídas para guardar os bens dos reis, outras para confundir os ladrões — conduziam a direções enganosas.

Um exemplo da surpreendente habilidade arquitetônica dos construtores das pirâmides encontra-se na complicada estrutura em cima da Câmara do Rei da Grande Pirâmide. Cinco compartimentos separados amontoam-se acima dela, quatro com tetos de pedra planos, o compartimento superior com um teto pontiagudo, e todos eles engenhosamente projetados para distribuir o enorme peso das pedras sobre a câmara funerária e evitar que o sarcófago seja esmagado.

A arqueologia progrediu ao ponto de os traçados do interior da Grande Pirâmide poderem ser reproduzidos em detalhe. Mas as dúvidas permanecem: há ainda mais? Nenhum arqueólogo jamais negará que é possível que haja. Os intrincados detalhes da ilustração que podem ser vistos aqui assinalam os esforços e as descobertas de gerações de arqueólogos, inclusive os do egípcio Zahi Hawass, que localizou as posições do Templo do Vale e do pavimento elevado que leva até ele, pelo qual foi levado o corpo de Quéops.

A garganta abobadada conhecida como a Grande Galeria (*esquerda*) sobe misteriosamente até o recinto mais sagrado no interior da Grande Pirâmide de Quéops. Enormes blocos de pedra fecham-se sobre os intrusos à medida que a passagem de 47 metros sobe num ângulo de 26 graus, cada vez mais perto da câmara funerária. O desenho da Grande Pirâmide e de seu complexo funerário (*direita*) revela os segredos arquitetônicos dentro da pedra.

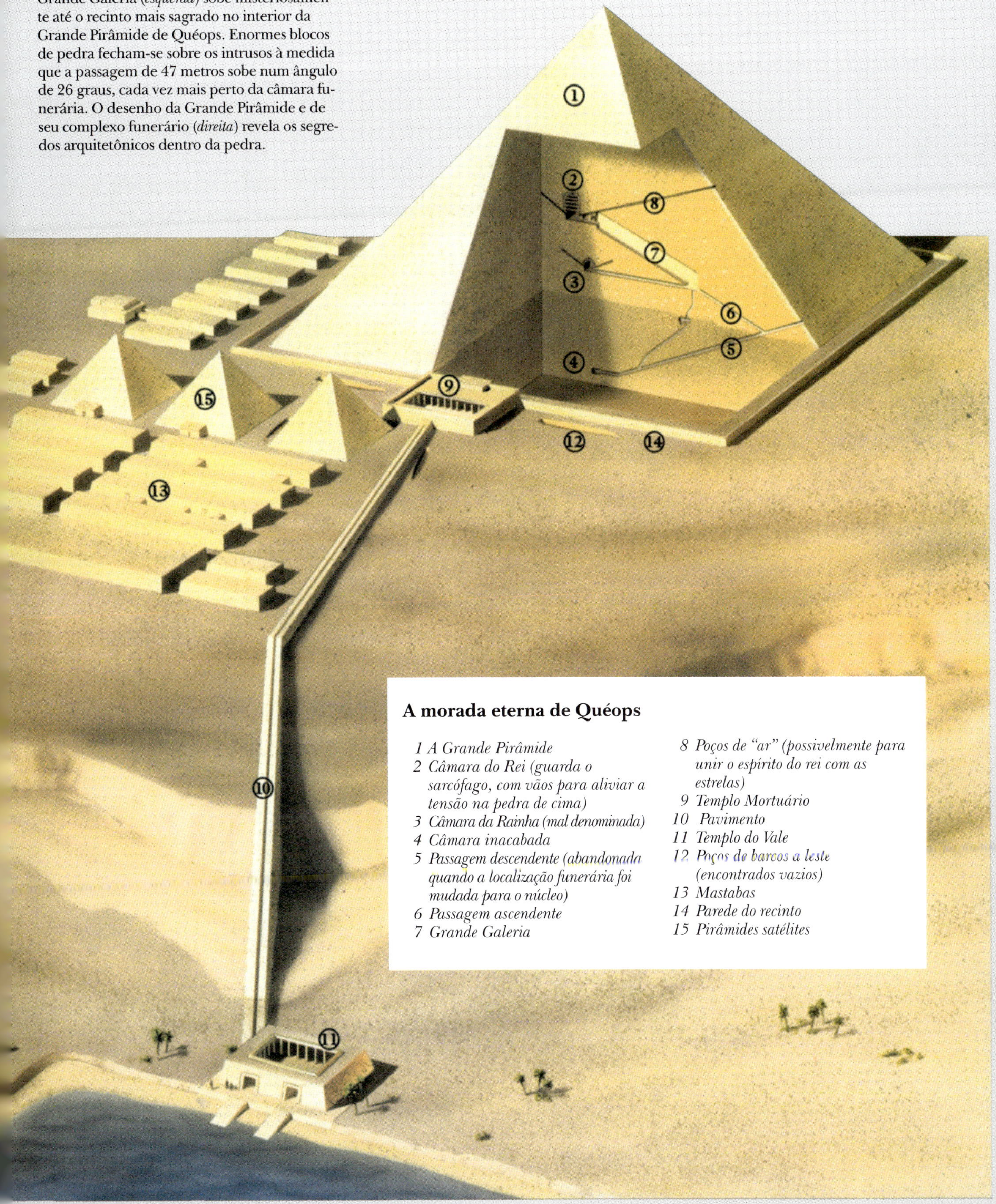

A morada eterna de Quéops

1 *A Grande Pirâmide*
2 *Câmara do Rei (guarda o sarcófago, com vãos para aliviar a tensão na pedra de cima)*
3 *Câmara da Rainha (mal denominada)*
4 *Câmara inacabada*
5 *Passagem descendente (abandonada quando a localização funerária foi mudada para o núcleo)*
6 *Passagem ascendente*
7 *Grande Galeria*
8 *Poços de "ar" (possivelmente para unir o espírito do rei com as estrelas)*
9 *Templo Mortuário*
10 *Pavimento*
11 *Templo do Vale*
12 *Poços de barcos a leste (encontrados vazios)*
13 *Mastabas*
14 *Parede do recinto*
15 *Pirâmides satélites*

CAPÍTULO 3

O FARAÓ QUE A HISTÓRIA NÃO CONSEGUIU ESQUECER

Um dos segredos mais bem guardados do mundo antigo veio à luz em 1926, no grande complexo religioso de Karnak, em Lúxor, parte da cidade há muito tempo desaparecida de Tebas. Durante milhares de anos, exploradores e turistas reviraram suas ruínas, movidos pelas fantásticas glórias do passado. Mas, sem que eles soubessem, faltava algo... e isto era intencional. Um templo construído pelo faraó Amenhotep IV durante os primeiros anos de seu reinado (1353-1335 a.C.) tinha sido desmontado, peça por peça, e escondido dentro das paredes e dos alicerces de estruturas posteriores. A erradicação do templo fez parte de uma campanha para eliminar qualquer vestígio do odiado rei, para rejeitar tudo o que ele tinha representado, para negar sua própria existência. Numa sociedade obcecada com a imortalidade, aquele era o pior de todos os destinos: para todos os efeitos, ele nunca tinha vivido.

A prova deste extraordinário aniquilamento histórico veio à tona durante um programa de restauração de 25 anos do Serviço de Antigüidades Egípcio patrocinado pela França e realizado sob a direção do arqueólogo Henri Chevrier. Enquanto explorava um dos enormes portais gêmeos conhecidos como pilares do Templo de Amon, junto com a subestrutura do enorme salão com colunas, Chevrier recuperou mais de 20.000 pequenos blocos de pedra. Estavam cortados num tamanho uniforme, de aproximadamente 50 x 25 x 23 centímetros. Alguns tinham vestígios de pintura; muitos outros eram decorados com relevos que pareciam ser fragmentos de cenas muito maiores. Visto que os blocos de pedra arenítica tinham aproximadamente três palmos de comprimento, os

O misterioso, porém impressionante, rosto do faraó herege Aquenaton compõe a parte superior de uma colossal estátua de pedra arenítica desenterrada no sítio arqueológico do templo do rei ao deus-sol em Karnak. As feições exageradas revelam o revolucionário estilo artístico promovido pelo faraó.

operários egípcios os chamaram de *talatat*, da palavra árabe que significa "três". Antigos escavadores tinham desenterrado outros *talatats*, em Tebas e em outros lugares, mas ninguém ainda tinha arriscado uma explicação satisfatória sobre suas origens ou seu significado.

No outro extremo do complexo de Karnak, Chevrier encontrou mais alvenaria quebrada entalhada com o nome de Amenhotep IV. Chegou à conclusão de que esses fragmentos, junto com os *talatats* encontrados antes, deviam fazer parte de um templo demolido. No entanto, as posições dos blocos sugeriam que não tinham sido simplesmente derrubados e abandonados, mas sim cuidadosamente transferidos para a sua atual localização. Muitas das pedras mostravam marcas inconfundíveis de ira contra a família real. Os retratos da rainha consorte de Amenhotep, Nefertiti, tinham sido sistematicamente mutilados; alguns deles, amontoados uns sobre outros, tinham sido evidentemente colocados de modo que a rainha ficasse de cabeça para baixo. Fora do complexo, os escavadores de Chevrier descobriram as bases de 28 enormes estátuas de Amenhotep IV junto com os restos despedaçados de 25 dos colossos que as tinham sustentado, prova de que as figuras tinham sido derrubadas de seus pedestais.

O alvo destes insultos era um faraó da XVIII Dinastia, descendente de uma orgulhosa linhagem de reis guerreiros. No ano 1550 a.C., o fundador desta dinastia, Amósis, tinha libertado o Egito de um século de dominação por uma tribo de invasores asiáticos. Iniciando uma era de 500 anos conhecida hoje como o Império Novo, os antepassados de Amenhotep moldaram um Império de prestígio e poder sem paralelos: seu poder descia rumo ao sul e adentrava na África até pontos tão distantes quanto o Sudão, e entendia para o leste através do Sinai até alcançar o Oriente Próximo. Leais a suas origens, os monarcas do Império Novo transformaram seu lar ancestral, Tebas, na capital religiosa do Egito. Construíram grandes templos às margens do Nilo e — a cinco quilômetros de distância, num desolado vale à beira do deserto — estabeleceram suas próprias tumbas reais, cobrindo as paredes com relevos esculpidos e com imagens pintadas de si mesmos e de suas divindades favoritas.

Mas Amenhotep IV desviou-se do caminho de seus antepassados. Abandonou a adoração do grande e complicado panteão do Egito em favor da devoção a um único criador, Rá, o deus-sol, manifestado pelo Aton, um disco do qual emanavam os raios solares portadores de vida. No quinto ano de seu reinado, o faraó apóstata anunciou que a partir daquele momento seria conhecido como

O arruinado nono pilar do templo de Amon em Karnak (*direita*), que oculta riquezas desconhecidas, é um dos vários portais que continham milhares de *talatats*, pequenos blocos de pedra que outrora fizeram parte do templo do deus-sol de Aquenaton. Estes foram utilizados como enchimento depois que o edifício foi destruído numa campanha para erradicar o nome e a memória do faraó. A pintura mural de acima à direita, da tumba de um funcionário da corte de Ramsés II, mostra qual era o aspecto de um pilar há 3.000 anos, com bandeirolas ondeando sobre mastros e duas alas brancas cobertas com gesso ladeando uma porta com arquitrave.

Aquenaton. O significado exato do nome tem gerado polêmicas, mas evidentemente expressa a dedicação do rei a sua nova divindade.

Apesar de todos os esforços de Aquenaton, sua adoração pelo Aton não se arraigou nos corações dos egípcios. Pouco depois de sua morte, os antigos deuses e deusas reapareceram, de novo triunfantes, nas tumbas e templos de seus sucessores. E, presumivelmente como castigo por sua heresia, os escribas sacerdotais omitiram o nome de Aquenaton de suas listas cronológicas de reis egípcios. Quando era inevitável alguma alusão ao período de sua vida, os cronistas faziam enigmáticas referências ao "reinado desse condenado" ou à época do "rebelde".

A tarefa de reconstruir o Templo do Aton do faraó em Tebas — construído quando o rei ainda era conhecido como Amenhotep IV — achava-se muito além dos recursos disponíveis para Henri Chevrier. Os operários guardaram os milhares de *talatats* em cabanas, ou empilhavam-nos em plataformas de carga de madeira, expostos aos elementos. As pedras foram reunidas em sua maior parte ao acaso, sem nenhum registro de suas posições originais ou de sua relação com quaisquer blocos adjacentes. Ao longo dos anos, à medida que iam aparecendo *talatats* adicionais durante outros projetos de restauração ou escavação, estes eram simplesmente acrescentados à pilha mais próxima. Os *talatats* individuais eram retirados dos sítios arqueológicos, ou pelos pesquisadores com permissão oficial, ou contrabandeados por ladrões empreendedores. Alguns reapareceram em museus e coleções particulares do mundo inteiro; outros desapareceram por completo.

O resultado foi um quebra-cabeça aparentemente insolúvel, incompleto e desalinhado. Das cerca de 100.000 peças conhecidas hoje, cerca de 35.000 trazem alguma forma de ornamento superficial. Oferecem instigantes vislumbres de uma era desaparecida: uma mão tocando um instrumento musical, uma rainha com os braços erguidos em algum ato de adoração, parte de uma carruagem, rostos esculpidos, fileiras de sacerdotes ou soldados.

Em 1965, Ray Winfield Smith — um diplomata norte-americano aposentado interessado em egiptologia — teve a idéia de utilizar computadores para resolver o quebra-cabeça dessas pedras. Pro-

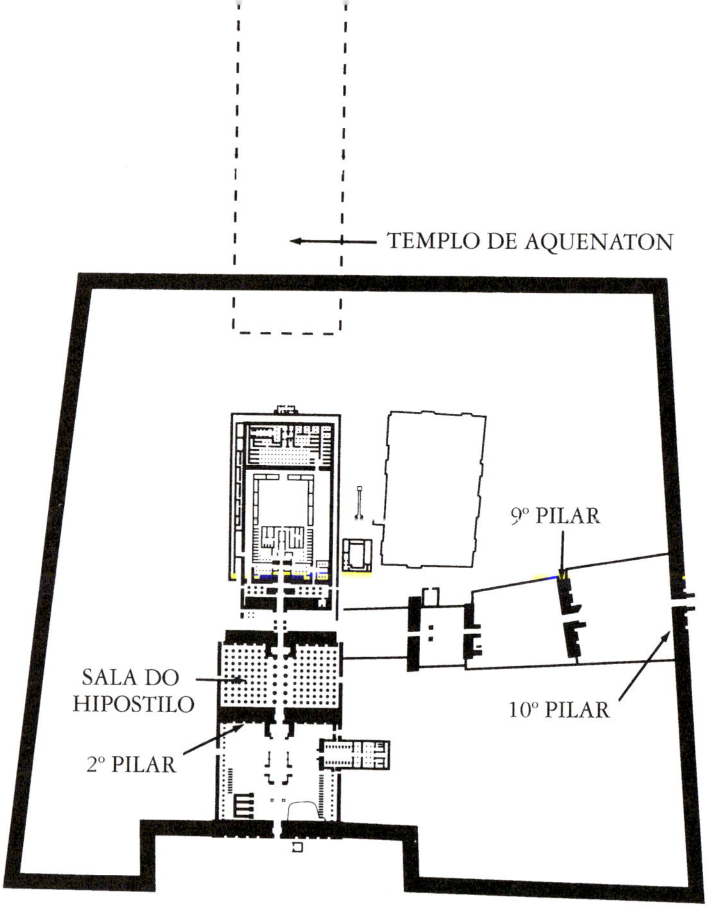

pôs utilizar a fotografia para fazer um estudo detalhado de todos os *talatats* conhecidos, tanto dos que permaneceram em seu lugar em Karnak quanto dos que estavam dispersos em coleções estrangeiras. Estava convencido de que assim os pesquisadores poderiam registrar e classificar todos os atributos visíveis de cada peça, o que permitiria todo tipo de permutações e combinações possíveis: cores remanescentes das pinturas; hieróglifos; figuras humanas com variações de sexo, indumentária e gesto; traços arquitetônicos e botânicos; tamanhos, ângulos e posições de linhas e formas; desenhos recorrentes; marcas de antigas desfigurações. O objetivo final do projeto era encontrar a posição adequada de cada peça remanescente do quebra-cabeça, e assim reconstruir um modelo do edifício original de Aquenaton em toda sua magnificência.

Com a bênção das autoridades egípcias, Smith reuniu os fundos e o apoio técnico necessários de instituições de todo o mundo e iniciou o Projeto Templo de Aquenaton. Nos escritórios da equipe no Cairo, uma pesquisadora egípcia, a senhora Asmahan Shoucri, deu um grito de triunfo quando concluiu o primeiro emparelhamento bem-sucedido, as fotos de dois blocos do Templo do Aton que se encaixavam para formar uma imagem dos raios do Aton, o disco do sol, com uma inscrição hieroglífica que declarava: "O coração de Deus está contente".

Com esta auspiciosa bênção do passado foi iniciado o longo e meticuloso processo de recuperação. Até a data foram realizados milhares de emparelhamentos, e o trabalho investigativo ainda prossegue, ajudado por especialistas de diferentes áreas. Sob os auspícios do Projeto Templo de Aquenaton, encabeçado agora pelo egiptólogo canadense Donald Redford, novas escavações dentro do complexo de Karnak desenterraram sinais de oito estruturas diferentes construídas pelo faraó herege para celebrar seus ritos monoteístas, assim como provas dos passos dados em tempos antigos para escondê-las.

Agora, apesar de todos os esforços de seus inimigos, Aquenaton foi resgatado do esquecimento. Hoje, poucos faraós nos parecem tão intimamente conhecidos, e nenhum é mais controvertido. Mais de 3.000 anos depois de ele ter abalado o Egito profundamente, ainda desperta emoções poderosas. Dentro da comunidade de arqueólogos e historiadores tem tantos inimigos quanto defensores. Nenhum sacerdote ou cortesão palaciano do final da XVIII Dinastia poderia ter argumentado mais acaloradamente que qualquer egiptólogo moderno sobre Aquenaton. Era um louco ou um visionário? Um santo ou um tira-

Esta planta mostra o grande Templo de Amon em Karnak, assim como os limites do destruído templo de Aquenaton (*linhas poligonais*). As pedras da estrutura do faraó caído em desgraça estavam amontoadas nos pilares marcados 2, 9 e 10.

no? Foi o precioso guardião do Império de seus antepassados ou o causador insensível de seu declínio? Um pesquisador o exalta como um líder iluminado; outro o reprova como o protótipo de todos os ditadores. E cada nova descoberta ou nova interpretação de descobertas anteriores somente serve para intensificar o debate.

Aquenaton era filho do rei Amenhotep III e de sua principal consorte, a rainha Tiy. No momento de seu nascimento o Império Novo encontrava-se em seu apogeu, e sua esfera de influência estendia-se até muito além de seus limites. Ao sul, a Núbia estava sob o controle direto de um vice-rei egípcio, enquanto do outro lado do Sinai, no Oriente Próximo, os caciques tribais ocupavam-se em cumprir os desejos do faraó e conservar suas boas graças. Despachavam regularmente caravanas carregadas com tributos e enviavam seus filhos para serem educados em sua corte, onde os príncipes estrangeiros aprendiam a considerar os interesses egípcios como se fossem os seus.

Os operários egípcios, trabalhando dentro do nono pilar, retiram os *talatats* para empilhá-los em outro lugar. As pedras pintadas reviradas abaixo propõem o problema de relacionar entre si os diversos blocos para produzir reconstruções visuais coerentes das paredes decoradas do templo de Aquenaton.

Mais distantes estavam os poderes regionais que viam a si próprios como comparáveis ao Egito: os mitânios no norte da Síria, os babilônios e os assírios depois do Eufrates, os alasianos na ilha de Chipre, os hititas da Anatólia. Desde os tempos do avô de Aquenaton, Tutmés IV, os governantes destes reinos mantinham correspondência com o faraó em termos cordiais. Em suas freqüentes cartas dirigiam-se a ele como "Irmão", perguntavam por sua saúde e ofereciam ponderados conselhos políticos. Complementavam estas missivas com gratos presentes, objetos preciosos elaborados em prata ou lápis-lazúli, carruagens, músicos e dançarinos, filhas de reis para alegrar o harém real. Este fluxo de noivas diplomáticas era um trânsito estritamente de mão única: Quando o rei da Babilônia cometeu a temeridade de pedir ao pai de Aquenaton uma princesa egípcia em troca, foi informado secamente de que "desde os tempos antigos nunca se entregou a ninguém uma filha do rei do Egito".

Mesmo os maiores desses potentados estrangeiros podiam ficar às vezes em dificuldades financeiras. Em tais circunstâncias era muito natural que o rei em apuros recorresse a seu querido amigo no Egito, que gozava de um virtual monopólio sobre as reservas de ouro do mundo conhecido. "Envia ouro, rápido, em grandíssimas quantidades — suplicava um senhor vizinho cuja irmã tinha sido dada em matrimônio ao faraó —, para que possa terminar uma obra que empreendi; porque o ouro é como poeira na terra de meu irmão."

Para assegurar-se de que a inveja não despertasse nos vizinhos a tentação de cometer atos de loucura, o Egito mantinha suas armas afiadas e seus exércitos preparados. Mas, durante o reinado de Amenhotep III, o Egito era tão poderoso que nenhum estado estrangeiro se atrevia a arriscar-se numa guerra. Sem as grandes vitórias militares que glorificaram seus antepassados, o faraó tinha de achar outros meios de perpetuar as tradições masculinas, enérgicas, de sua dinastia. Uma menor ação repressiva contra invasores núbios, por exemplo, foi exaltada — e convenientemente comemorada em pedra — como uma retumbante vitória pessoal de Amenhotep. Os escaravelhos sagrados, gravados por mandato do rei nos primeiros anos do reinado, enumeravam os triunfos do jovem governante no campo da caça: "Contagem dos leões que Sua Majestade abateu com suas próprias flechas do ano 1 até o ano 10: 102".

A Grande Esposa Real de Amenhotep III, a mãe de Aquenaton, foi uma pessoa impressionante por seu próprio mérito. Aparece até mesmo nos contratos de casamento que registram as uniões diplomáticas de seu marido com princesas estrangeiras. Filha de

Esta montagem de uma porção de parede do templo de Aquenaton, um espetacular testemunho da ajuda proporcionada pelos computadores para a solução do quebra-cabeça dos *talatats*, foi elaborada graças às correlações estabelecidas entre fotografias classificadas das diversas pedras. A cena, uma ilustração da vida do templo, mostra alguns operários transportando vasilhas, moendo grãos e alimentando o gado.

Yuya, um funcionário da corte cujo clã exerceu ao que parece um poder considerável, a rainha Tiy foi a primeira e principal esposa do rei: os filhos masculinos que lhe deu foram a única descendência real na linha de sucessão. Um generoso Amenhotep a cobriu de presentes, entre eles um lago artificial de lazer em Tebas, enormes propriedades rurais, e um templo na Núbia em seu louvor.

Como seus antepassados, o terceiro Amenhotep foi um enérgico construtor de templos dedicados, sobretudo, a Amon, o principal deus de Tebas, a capital religiosa do Egito. À medida que crescia o culto a Amon, a divindade absorveu aspectos de todos os deuses do panteão egípcio, em particular Rá, o deus-sol, e começou a ser conhecido como Amon-Rá. Em Tebas, Amenhotep construiu o grande Templo de Amon, e ampliou o complexo do templo do deus em Karnak. Para celebrar os festivais do jubileu que assinalavam três importantes datas de seu reinado, ergueu um templo a Amon e outras salas cerimoniais em Malkata, a oeste de Tebas.

Para o jubileu que honrou seu trigésimo ano de mandato, o faraó ordenou que os sacerdotes revirassem os arquivos do templo a fim de reconstruir rituais que pudessem ter sido praticados pelos reis da III e IV Dinastias, fazia mais de mil anos. O fruto de seus trabalhos foi uma cerimônia, cuidadosamente encenada pelos sacerdotes e funcionários da corte, na qual Amenhotep III era deificado em carne, transformado na encarnação viva do antigo deus-sol, Rá. O cortesão Kheruef fez um relato do acontecimento sobre sua própria tumba: "Foi Sua Majestade quem fez isto de acordo com os antigos escritos... As gerações passadas desde os tempos dos antepassados nunca tinham celebrado estes ritos de jubileu".

Para alguns estudiosos, esta retomada da antigüidade representa uma tentativa por parte de Amenhotep III de injetar nova vida na religião do Estado. Cada faraó reinante era visto como uma manifestação do deus com cabeça de falcão, Hórus, mas é possível que Amenhotep III tivesse maiores ambições e desejasse ser adorado como um deus pelos próprios méritos. Mas, fossem quais fossem suas aspirações à divindade pessoal, não podia reinar para sempre. Chegou o dia em que os sacerdotes entoaram a antiga fórmula que anunciava a morte de um faraó: "O Falcão voou para o Céu, e outro se posta em seu lugar". A invocação pretendia reafirmar a continuidade. Mas ao que parece o novo falcão tinha outros planos.

A data exata da ascensão de Amenhotep IV é discutida, mas aconteceu provavelmente por volta de 1353 a.C. Alguns historiadores acreditam que o

HATSHEPSUT: SUA MAJESTADE O REI

Excluídas durante muito tempo das categorias superiores do poder, as mulheres pressionaram ao longo da história, ávidas de todos os resquícios de comando, quando as circunstâncias assim permitiam. Poucas tiveram tanto êxito quanto a grande governante Hatshepsut, cujo reinado trouxe ao Egito 22 anos de paz e prosperidade e alguns de seus mais esplêndidos monumentos.

Filha de Tutmés I, Hatshepsut tinha aproximadamente 30 anos em 1479 a.C. quando seu marido, Tutmés II, morreu. Vigorosa mãe de duas filhas, ela tornou-se regente de seu enteado de 12 anos Tutmés III. Neste papel demonstrou que, exceto por seu sexo, poderia muito bem ser o herdeiro de pleno direito. Após ter ultrapassado seu período de regência, proclamou a si mesma faraó em 1473 a.C., apoiada por Senmut, administrador-chefe do deus Amon, um plebeu que ela tinha promovido a esta alta função.

Não desejando assassinar seu jovem pupilo, reconheceu-o como co-regente, concedendo-lhe um

lugar subalterno nos monumentos. A partir de então, fez-se representar como um homem, com as vestes e a barba de um rei e ordenou que a chamassem de Sua Majestade.

Visto que os reis eram considerados semideuses, Hatshepsut reforçou seu *status* atribuindo seu nascimento a uma união entre sua mãe e a divindade Amon, e mandou que sua linhagem fosse anotada numa parede de seu templo funerário em Deir el Bahri (*abaixo à esquerda*).

Algum tempo depois de sua morte, seus retratos de pedra foram despedaçados e seu nome apagado; quem fez isso e por que motivo continua sendo um mistério.

Segundo suas próprias palavras, Hatshepsut foi "bonita e esplendorosa", uma avaliação que suas estátuas reconstruídas não desmentem. Sua imagem em granito vermelho (*abaixo*) é uma das poucas que a mostram como uma mulher.

novo faraó pode ter compartilhado o governo com seu pai durante vários anos; sabe-se que os reinados de pelo menos quatro reis anteriores sobrepuseram-se. Que o terceiro e quarto Amenhotep governaram o Egito como co-regentes durante um tempo foi uma das controvérsias mais intensamente discutidas sobre o período.

Vivesse ainda ou não o rei pai, o novo rei não lançou sua revolução religiosa da noite para o dia. No entanto, logo ficou claro que, afora o deus-sol, as divindades do Egito, com todas suas centenas de nomes, aspectos e formas mutáveis, não lhe interessavam. Foi ajustando cada vez mais sua devoção pessoal — e logo até seu próprio nome — na divindade solar que chamou de Aton, o sol doador de vida.

No Grande Hino ao Aton, o rei exaltava o disco do sol e declarava que era seu único intermediário na Terra: "Vivente Aton, Iniciador de Vida... Estás à vista dos homens, mas teus caminhos não são conhecidos... Tão variadas são tuas obras! Estão fora da vista dos homens, Oh, Deus Único, como não há nenhum outro! Modelas a terra segundo teus desejos... Estás em meu coração, mas não há mais ninguém que te conheça como teu filho Aquenaton. Fizeste-o sábio em teus planos e em teu poder".

Estes e outros textos, encomendados ou compostos por Aquenaton, deixavam claro que a obrigação dos mortais comuns era adorar o faraó como o canal do poder do Aton. Ao que parece a nova fé não se preocupava com as regras de comportamento humano. No entanto, do ponto de vista de alguns estudiosos, seus hinos e invocações mostram Aquenaton como um pioneiro do monoteísmo, um precursor de Abraão e Moisés. Outros argumentam que Aquenaton não foi um reformador, ma sim um ultraconservador, que perpetuou a devoção de Amenhotep III ao deus-sol de uma forma mais radical e prosseguiu com os esforços de seu pai para recuperar o *status* divino total do qual tinham gozado outrora os reis do Egito. Fossem quais fossem seus motivos, Aquenaton intensificou sua campanha para transformar a religião do Estado. Nas paredes de um de seus novos templos em Tebas, não apenas cantou em louvor ao Aton, como também enumerou as fraquezas das antigas divindades que desejava desacreditar. Talvez já no quinto ano de seu reinado, abalou o *status quo* religioso proibindo a adoração de todo o panteão egípcio — em especial Amon — e ordenando o fechamento dos templos em toda extensão de seus domínios.

Os sacerdotes do Egito ficaram horrorizados. Sob o antigo regime tinham gozado de um prestígio e de um poder sem paralelos. Durante toda a XVIII Dinastia, os templos a Amon tinham domi-

Esta estátua — que alguns estudiosos acreditam que representa Aquenaton, e outros, sua esposa Nefertiti — é possível que vestisse um saiote.

nado a vida econômica do reino. Dízimos e tributos fluíam para o erário de Amon, e os celeiros do deus guardavam os excedentes de cereais da nação. O sacerdócio de Amon enviava suas próprias missões comerciais a territórios estrangeiros e controlava a mão-de-obra para as obras públicas no interior.

Mas não era possível desafiar um faraó abertamente. É presumível que os sacerdotes de Amon tenham guardado silêncio enquanto suas imagens de culto eram destruídas seguindo as ordens reais. Os mais perspicazes entre eles conseguiram ajustar suas crenças de acordo com as do faraó. E quando este introduziu uma nova versão do festival do jubileu, honrando o Aton, com toda certeza houve sacerdotes que compareceram à cerimônia.

Para adorar a seu deus, Aquenaton construiu templos em Tebas, na porta ao lado do grande Templo de Amon. Num complexo que possivelmente teve mais de 800 metros de comprimento, o faraó louvou o disco do sol ao ar livre, em amplos pátios cheios de altares de sacrifício. As paredes destes templos resplandeciam com enormes entalhes em relevo, brilhantemente coloridos, de Aquenaton, Nefertiti e suas filhas, todos eles em comunicação direta com a divindade. Os raios do sol desciam das alturas naquelas imagens, estendendo mãos antropomórficas para tocar o rei com o *ankh*, o símbolo da vida.

Nefertiti teve um papel proeminente na celebração do culto. Uma marca dos relevos nos restos de um templo construído para seu uso revela que seu nome e sua imagem apareciam pelo menos duas vezes que os do próprio rei. Inscrições encontradas em Karnak e em outros lugares a louvam com uma lista de epítetos aduladores: Grande em Favores, Senhora da Doçura, a Muito Querida, Senhora do Alto e do Baixo Egito, Esposa do Grande Rei a qual Este Ama, Dama das Duas Terras.

As filhas de Nefertiti também participaram da adoração do Aton. A mais velha nasceu possivelmente pouco depois de seu pai ter subido ao trono. Aparece em imagens que datam dos primeiros anos do reinado como uma criança pequena que ainda engatinha, vestida com uma versão em miniatura da indumentária de sua mãe e agitando o *sistrum*, um instrumento musical utilizado em ritos religiosos em toda a história do Egito. A legenda da cena a anuncia como "a filha em pessoa do rei a qual ele ama, Meretaton, nascida da esposa do

Numa rara demonstração sentimental na arte egípcia, a rainha Nefertiti dá um beijo em sua filha Meretaton. As feições da rainha foram deliberadamente apagadas, sinal da devastação que caiu sobre as imagens dela e de seu esposo após a morte.

grande rei, Nefertiti, que viva para sempre". Quando Meretaton tinha poucos anos suas duas irmãs, Meketaton e Ankhesenpaaton uniram-se a ela nos relevos. Se houve filhos homens da união de Nefertiti e Aquenaton, eles não aparecem em nenhuma cena familiar.

Alguns estudiosos do reinado levantaram dúvidas acerca da capacidade de Aquenaton de gerar algum filho. Interpretam os traços estranhos e freqüentemente andróginos de seus retratos — quadris e peitos arredondados, rosto comprido, pescoço inviavelmente esbelto, pernas magras e compridas e ventre pendido — como sintomas de uma desordem glandular que pode tê-lo tornado estéril. Os que se opõem a este ponto de vista argumentam que o rei deu instruções específicas a seus artistas para que o representassem com estas distorções corporais como símbolos visíveis de sua divindade. A presença das mesmas características em relevos de Nefertiti e das princesas é interpretada por alguns estudiosos como uma afirmação de que eles também eram mais que meramente mortais. No entanto, as imagens virtuais de todos os seguidores de Aquenaton — inclusive serventes e guardas militares — parecem exibir traços similares.

Esta família real de aspecto estranho chamou pela primeira vez a atenção do mundo moderno num desolado sítio arqueológico calcinado pelo sol no Médio Egito a 385 quilômetros ao norte de Tebas. Ali, num lugar hoje conhecido como Tell el Amarna, ou simplesmente o Amarna, os penhascos de pedra calcária da margem

leste do Nilo retrocedem para formar um anfiteatro natural, uma bacia de rocha que abrange 12 quilômetros de planície arenosa. No início dos anos 1820, os viajantes europeus foram atraídos a este lugar austero por notícias de câmaras funerárias estranhamente decoradas escavadas nos penhascos. Em 1824 e 1826, o inglês John Gardner Wilkinson — que chegou ao Egito com a esperança de que seu clima morno melhorasse sua saúde, e que ali permaneceu para explorar as antigüidades que tinham cativado sua imaginação — fez cópias de alguns dos relevos das tumbas. Na época destas visitas, a ciência da decifração de hieróglifos achava-se primária; mas mesmo sem ser capaz de ler as inscrições, pareceu óbvio para Wilkinson que se achava na presença de algo extraordinário.

Numa cena de bênção doméstica gravada num bloco de pedra calcária, Aquenaton e Nefertiti banham-se nos raios do Aton, o deus-sol, enquanto brincam com suas filhas. Os raios, que conduzem o sopro da vida, apontam simbolicamente para os rostos do casal real.

Dentro das tumbas, os antigos escultores tinham-se desviado das convenções artísticas de sua época. Em vez de coreografias estilizadas dos campos de batalha e tenebrosas viagens ao reino dos mortos, tinham ilustrado o que pareciam ser cenas íntimas da vida cotidiana de um casal real, que somente muito mais tarde foi identificado como Aquenaton e Nefertiti. As pessoas desfrutavam de sua vida doméstica, reclinavam-se em cadeiras com suas filhas pequenas em seus colos, e tomavam parte em festas familiares.

Muitos entalhes mostravam algum tipo de cerimônia religiosa; no entanto, curiosamente, em nenhuma parte eram vistos os deuses do panteão egípcio. Nenhum Hórus com cabeça de falcão, nenhuma Hátor com chifres, Osíris soturno ou qualquer outra divindade apareciam no Amarna. O único objeto de culto visível era um símbolo de poder divino dos mais abstratos: um grande disco que pendia dos céus e emanava raios múltiplos que terminavam em mãos humanas, ao que parece concedendo alguma espécie de bênção ao rei e à rainha.

Outros europeus seguiram Wilkinson e realizaram pesquisas sobre as tumbas nos penhascos do norte e limparam a areia dos locais funerários no extremo meridional do sítio arqueológico. Em 1843, e de novo em 1845, o grande egiptólogo alemão Karl Richard Lepsius — um dos primeiros descobridores de *talatats* em Tebas — visitou o Amarna com uma

Uma escultura inconclusa de pedra calcária mostra Aquenaton segurando afetuosamente e beijando uma de suas filhas. Estas representações pretendiam não apenas sugerir devoção familiar, como também demonstrar o estado de bênção no qual vivia a família real como receptora direta da benevolência do deus-sol.

equipe de pesquisadores. Numa maratona de 12 dias de intenso trabalho de cópia, a equipe reuniu material suficiente para ocupar gerações de pesquisadores.

Observou-se que os cartuchos — óvalos decorativos que continham hieróglifos com os nomes do faraó e de sua rainha — tinham sido mutilados para ocultar suas identidades. Mas algumas destas etiquetas ainda eram um pouco legíveis. Na época da visita de Lepsius, o entendimento dos hieróglifos tinha avançado o bastante para permitir aos pesquisadores decifrar o que restava das inscrições.

As tumbas pareciam estar vazias; não foi encontrada nenhuma evidência de sepultamento. Mas compunham somente uma parte do mistério que começou a se revelar no Amarna. A desoladora planície continha um grande número de colinas escuras, debaixo das quais jaziam palácios, templos, casas e ateliês em ruínas, os restos de uma cidade perdida chamada Aquetaton, que significa "horizonte do Aton", fundada por Aquenaton como sua nova capital e centro religioso para o culto do Aton. Mas não havia sinais de ocupação contínua do lugar. Ao que parece, Aquenaton construiu sobre terreno virgem, e, poucos anos após sua morte, a cidade foi abandonada aos chacais.

Apesar das visitas ocasionais de egiptólogos britânicos, alemães e franceses ao Amarna, as escavações organizadas não foram iniciadas antes do final do século XIX, quando o interesse foi revivido por uma descoberta casual. Em 1887, uma mulher de um dos povoados contemporâneos nas imediações do Amarna estava cavando em busca de *sebakh* — o composto rico em nitrogênio no qual se descompõem os antigos tijolos de barro — quando desenterrou um esconderijo de mais de 300 tabuinhas de argila. Os traficantes de antigüidades do lugar mostraram-se inseguros sobre o que fazer com aqueles objetos, que estavam inscritos com misteriosos símbolos em forma de cunha. Desprezadas como falsas, as tabuinhas passaram de mão em mão; algumas foram quebradas, outras desapareceram. Finalmente, uns poucos exemplares chamaram a atenção de E. A. Wallis Budge, um representante do Museu Britânico. "Fiquei seguro — diria mais tarde — de que as tabuinhas tanto eram genuínas, quanto possuíam uma grande importância histórica."

O fragmento de chão pintado acima, de um palácio da capital de Aquenaton, Aquetaton, reflete o naturalismo que balizou a arte durante seu reinado relativamente curto. O papiro e a planta de lótus parecem balançar na brisa, enquanto os papiros ilustrados à esquerda numa pintura anterior erguem-se rígidos em fileiras, demonstrando a rigidez da arte egípcia mais tradicional.

Budge reconheceu as inscrições como cuneiformes, e identificou os documentos como compostos em sua maior parte de cartas, a maioria das quais escritas em acádio, a língua da Babilônia e a linguagem diplomática internacional da época de Aquenaton. As missivas procediam de governantes de vários reinos do Oriente Próximo. O esconderijo era um resto dos arquivos diplomáticos de Aquenaton, que ficaram para trás quando a capital foi abandonada. As vozes destes reis estrangeiros ajudaram a romper a conspiração de silêncio que rodeava o reinado de Aquenaton.

Em 1891, o arqueólogo britânico Flinders Petrie começou a trabalhar no sítio arqueológico de Aquetaton, pesquisando os restos de dois templos ao Aton, várias casas particulares, o Grande Palácio Oficial de Aquenaton e o Escritório de Correspondência, onde tinham sido achadas as tabuinhas de Amarna. Os antigos ladrões tinham feito um trabalho meticuloso saqueando o lugar, mas o estudo de Petrie dos fragmentos que deixaram para trás revelou que o palácio de Aquenaton tinha sido um edifício de considerável esplendor. Suas paredes, quando novas, deviam resplandecer com cristal, pedra e cerâmica de cores incrustadas; suas colunas eram coroadas com capitéis de folhas de palmeira cujos detalhes eram delineados em vermelho, azul e ouro; suas paredes estavam cobertas por lajes de pedra multicoloridas, incrustadas com hieróglifos feitos de obsidiana, granito negro, quartzito vermelho, pedra calcária e cristal. Telhas vitrificadas mostravam jardins pintados de plantas e flores, além de aquários de peixes.

Numa seção do palácio, que Petrie identificou como o harém, encontrou um chão de gesso pintado de grande beleza. Para conservá-lo, misturou um pouco de água-de-goma e a aplicou com o dedo. Mas, visto que tinha de cobrir 23 metros quadrados, somente pôde trabalhar intermitentemente, se não queria que sua pele desaparecesse por puro desgaste. Apesar dos esforços de Petrie para conservar um traço arquitetônico que tinha permanecido intacto durante mais de três milênios, o piso acabou vítima de um ato de vandalismo. Alguns anos depois de Petrie tê-lo encontrado, um habitante do concorrido lugar, farto de os curiosos pisotearem seus campos para vir ver o piso, despedaçou o gesso. De todo modo, sobreviveram fragmentos suficientes para ser levados ao Museu do Cairo e ali receber abrigo.

Algumas das mais valiosas descobertas de Petrie não vieram dos restos de edifícios importantes, mas sim dos antigos monturos de lixo, que pesquisou com rigoroso cuidado. Encontrou fragmentos de jarras que outrora tinham guardado azeite, carne ou vinho; inscrições nos

A imagem gravada neste fragmento de pedra calcária de Aquetaton mostra uma mão soltando um fragmento de incenso ou de banha aromatizada, talvez como oferenda. Os dedos lindamente detalhados — possivelmente os do faraó — expressam o ideal de elegância que marcou a arte do período.

fragmentos de cerâmica e os selos ligados a eles proporcionaram a Petrie informação sobre lugares de origem e datas de embarque. As jarras de vinho, marcadas com o ano da colheita e a propriedade de procedência, permitiram a Petrie determinar a duração do reinado de Aquenaton: o último ano anotado era o 17.° do reinado do faraó. Outras etiquetas datadas indicavam que seu sucessor, Smenkere, foi rei durante apenas três anos após a morte de Aquenaton; a ausência de objetos marcados com os nomes de monarcas posteriores confirmava que Aquetaton foi abandonado pouco depois. Era claro que Aquenaton tinha imaginado um futuro muito mais glorioso para sua nova capital quando, após cinco anos de reinado, ordenou às equipes de arquitetos e capatazes que planejasse aquela cidade ideal. Nas rochas em ambos os lados do Nilo, os escultores entalharam 14 marcas de limites que proclamavam o estabelecimento da capital, cada uma delas decorada com uma imagem da família real.

Um relato contemporâneo das cerimônias que inauguraram Aquetaton relaciona oferendas de sacrifício de "pão, cerveja, gado bovino de chifres longos e curtos, caça silvestre, aves de aprisco, vinho, fruta, incenso, libações e todo tipo de verduras finas", e descreve como os nobres, oficiais de alto escalão do exército e "os maiorais do palácio" vieram prestar homenagem seguindo as ordens do faraó. "Foram levados rapidamente a sua presença. Então se atiraram de bruços no chão diante dele, e beijaram a terra em sua presença. Disse-lhes Sua Majestade: Contemplai Aquetaton, que o Disco do Sol deseja que seja construída para ele como recordação de seu nome." Depois o rei expôs os planos para a nova capital e descreveu alguns dos principais edifícios oficiais: Uma Casa e Mansão do Disco do Sol, uma Casa de Regozijo, apartamentos reais, e uma Marquise para a rainha. As solenidades terminaram com um passeio pelo perímetro de Aquetaton, no qual o faraó conduziu sua resplandecente carruagem de Estado. Em cada pedra limite fez um juramento no qual se consagrava aquele lugar e prometia que quando morresse seria enterrado naquela cidade sagrada.

Antes que a pintura tivesse secado ou a poeira dos entalhadores tivesse assentado, Aquenaton transferiu sua casa e a corte para o novo lugar, onde ocupou aposentos provisórios, possivelmente uma série de tendas espaçosas. Uma vez concluída sua residência, Aquenaton ofereceu um grande espetáculo teatral para celebrar os ritos do reinado divino. Montado em sua carruagem, e seguido por seu séquito de cortesãos, sacerdotes, guardas e escoltas, o faraó percorreu em procissão o caminho que unia sua isolada e bem fortificada residência particular ao Grande Templo do Aton e a seu Grande Palácio, um complexo de majestosos salões e pátios ornamentados com colossais estátuas de sua personagem real. Naquele entorno imponente, ele adorava o Aton, recebia as delegações de enviados estrangeiros, e mostrava-se a seu povo da sacada conhecido como a Janela do Aparecimento, de onde jogava adornos de ouro e outras dádivas para os seguidores que desejava honrar.

Nos primeiros anos de existência da cidade, a população cresceu até chegar a ter entre 20.000 e 50.000 habitantes: nobres, sacerdotes, burocratas, comerciantes, artesãos, barqueiros e suas famílias. Uma força de polícia, que incluía patrulhas a pé e grupos em carruagens, mantinha a ordem. O edifício do quartel-general — incluídos os estábulos — foi identificado 3.000 anos mais tarde pelos tijolos de barro estampados com seu nome. Foram cavados poços fundos para abastecer as partes da cidade distantes da margem do rio. Cervejarias e padarias, operadas pelo templo, produziam cerveja e pão para proporcionar as oferendas necessárias ao Aton.

Embora os cortesãos mais próximos a Aquenaton tenham construído suas mansões à sombra de seu palácio, as diferentes classes que formavam a população da cidade estavam na maior parte misturadas. Um chefe de carruagens chamado Ranefer possuía uma modesta casa numa esquina a curta distância da imponente residência de Ramose, um dos principais oficiais do exército. Nakht, o vizir, ou primeiro-ministro, do faraó, escolheu um lugar no extremo oposto da cidade com relação ao palácio, onde construiu uma casa ornamentada com belas colunas. Os proprietários gravavam seus nomes e títulos sobre suas arquitraves e nos batentes de suas portas; alguns deles ainda permanecem.

As famílias mais abastadas viviam em vilas situadas em terrenos cercados por muros. Árvores e flores cresciam em jardins adornados com lagos e pequenos templos. Dentro dos edifícios havia espaço suficiente para salões de recepção públicos e aposentos par-

Nesta obra-prima, entalhada numa laje de pedra calcária, dois cavalos permanecem de pé diante de uma carruagem (*não mostrada*). Os cavalos eram um tema comum na arte egípcia, mas aqui o artista de Aquenaton deu à obra espírito e frescor mediante o recurso simples de fazer que um cavalo baixasse a cabeça para mordiscar sua pata dianteira.

ticulares, inclusive banheiros equipados com buracos de dreno no chão. As casas mais humildes eram em menor escala, mas construídas com um projeto similar. A maioria era composta de estruturas de um só andar, completadas com um teto plano que proporcionava espaço adicional para dormir no clima quente. A cozinha ficava o mais longe possível dos principais aposentos domésticos, preferivelmente a favor do vento. No quintal, celeiros circulares tinham reservas de trigo e cevada, e um pequeno estábulo podia ter uma vaca ou uma cabra.

Os lares dos artesãos eram também seus ateliês. Na cidade principal, por exemplo, o escultor-chefe, Tutmés, vivia num complexo que abrangia sua própria casa, um estúdio, e aposentos para seus trabalhadores. Ali produzia seus esboços de retratos da família real, que eram usados como modelos para os monumentos públicos e templos particulares. Quando a cidade foi abandonada, os últimos ocupantes da casa do escultor deixaram para trás algumas destas obras e modelos inconclusos. Com o passar do tempo o edifício desabou, e a areia arrastada pelo vento cobriu estas peças esquecidas.

A estela "S" é uma das 14 estelas, ou sinalizadores de fronteiras, que Aquenaton mandou cinzelar nos penhascos de pedra em ambos os lados do Nilo para demarcar sua nova capital. O relevo entalhado mostra o rei e a rainha erguendo as mãos em adoração ao disco do sol. A inscrição diz, em parte: "O grande e vivente Aton, vigorosamente vivo, meu pai, meu recordatório da eternidade".

Num dia de dezembro de 1912, foram encontradas por uma equipe de arqueólogos alemães, encabeçada por Ludwig Borchardt. Um dos troféus foi uma cabeça modelada de Nefertiti. Era surpreendente, com um pescoço esbelto, traços elegantes e um olhar tranqüilo. Seu carisma, ajudado pela arte de Tutmés, cruzava o abismo das gerações. Algum tempo depois se tornaria o símbolo mais evocativo de seu mundo há tanto tempo desaparecido. Na noite depois da descoberta, Borchardt sentou-se para compilar a lista dos objetos encontrados aquele dia. Mas sabia que seria impossível para ele registrar os detalhes com sua habitual objetividade profissional. "Escrevi — confessou mais tarde: Descrição fútil; é preciso vê-la."

Em sua magnificência, a Nefertiti esculpida representava uma era de inovação e de experimentação criativas. As mudanças estilísticas que começaram a evoluir em Tebas durante os primeiros anos do reinado tomaram impulso com a transferência da corte para Aquetaton. Os escultores exploraram o jogo de luzes e sombras, e combinaram diferentes materiais para conseguir novas texturas. Os seres humanos pularam para a vida, refletidos segundo seu aspecto real. O mundo natural estava vividamente representado. Plantas e animais brotavam para a vida sobre solos pintados e telhas de cerâmica, ou como ornamentos e estatuetas de cristal.

O mais vibrante da arte escultórica remanescente no Amarna encontra-se em suas tumbas decoradas, mas não há qualquer sinal de que nenhuma delas tenha chegado a abrigar alguma vez um autêntico sepultamento. Para sua própria tumba, Aquenaton escolheu um lugar isolado do resto, numa fissura nas colinas do leste. Seria encontrada no final do século XIX pelo arqueólogo italiano Alexandre Barsanti. Dentro do local funerário real, os relevos nas paredes de duas ou três câmaras registravam momentos de celebração pública e de pesar privado. Um recinto revelava a morte de uma jovem princesa — ou, possivelmente, uma das esposas secundárias do faraó — de parto. Enquanto a criança sobrevivente é retirada por uma parteira, o rei, a rainha e a corte se lamentam, erguem os braços para os céus e derramam terra sobre as cabeças.

Para recompensar seus cortesãos, Aquenaton ofereceu-lhes tumbas em dois complexos de cemitérios nas escarpas a leste da cidade. Os destinatários desta honraria incluíam o médico do palácio, Pentu, o sacerdote Pinhasy, e Ai, o Mestre Real do Cavalo, que mais tarde ascenderia até tornar-se faraó. Nas paredes, os relevos mostravam os proprietários das tumbas dedicando-se a atos de reverência, adorando o rei-deus como intermediário do Aton. Mas os relevos proporcionavam também vislumbres da vida no reino: cenas de cerimônias de recompensa, estampas da vida familiar real, distribuição de comida e flores. Pregarias e hinos inscritos louvavam o rei-deus como a fonte de todo bem-estar: "Concede-me a satisfação de ver-te sem cessar; este senhor que como o Aton forma um Nilo completo a cada dia, fazendo viver o Egito".

Um altar de pedra calcária de 90 centímetros de altura, reconstruído a partir de peças descobertas na casa de um sumo sacerdote em Aquetaton, mostra relevos pintados que apresentam Aquenaton, sua rainha Nefertiti e uma filha fazendo oferendas ao Aton. Altares como este eram instalados com freqüência nos jardins das casas dos altos funcionários da corte, e refletiam a importância não apenas da divindade, mas também da família real como a encarnação da presença do deus na Terra.

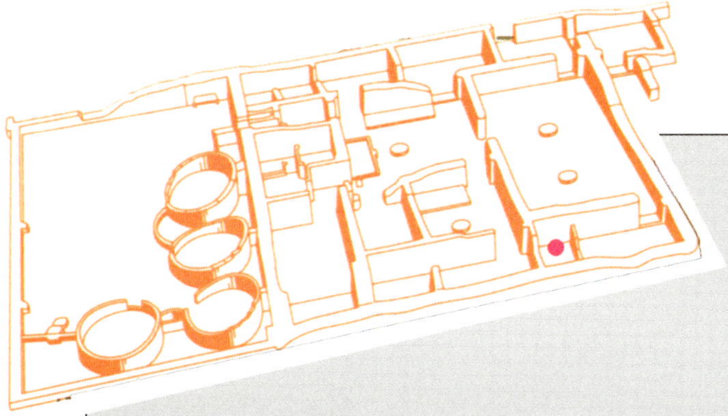

ROSTOS VIVENTES SURGIDOS DAS AREIAS DO TEMPO

O escultor Tutmés teve muitas coisas a seu favor, desde patrocinadores da realeza à maravilhosa casa mostrada acima, completada com um dormitório principal, banheiro, oficinas e ateliês, e grandes silos para armazenar a riqueza acumulada em cereal. Mas com a morte de Aquenaton e o retorno da capital planejada Aquetaton para Tebas, tudo isto mudou, e a casa de Tutmés foi abandonada.

Ao longo dos anos, as obras que o escultor e seus ajudantes deixaram para trás nos ateliês, algumas das quais são reproduzidas aqui, foram ficando enterradas sob as areias móveis à medida que as paredes de tijolos de barro desmoronavam, para não retornar à luz até o século XX, quando os arqueólogos as desenterraram. Entre as relíquias estava o famoso busto pintado de pedra calcária da rainha de Aquenaton, Nefertiti, que pode ser visto abaixo. Ao que parece Tutmés deixou o retrato deliberadamente inacabado, como modelo e demonstração, com a órbita vazia usada para mostrar a seus estudantes como deveria ser inserido um olho de cristal. À direita do busto é possível ver outro estudo da rainha — talvez também um modelo didático — que ainda traz as linhas guias pintadas pelo escultor.

As serenas imagens de Nefertiti encontradas ali — havia várias — sugerem que Tutmés idealizou um pouco suas feições enquanto lutava para manter a elegância dentro do estilo de arte que floresceu durante o reinado de Aquenaton. Mas também estavam presentes no ateliê esboços de indivíduos cujas identidades são desconhecidas e que, como contraste, surpreendem com a força de seu realismo.

Como os dois rostos de gesso da parte inferior direita, são imagens de egípcios que viviam e respiravam, livres de toda convenção artística.

Entre os estudiosos prossegue o debate sobre as intenções de Tutmés aqui, mas a teoria mais provável é que as peças parecidas com máscaras fossem estudos tomados de moldes feitos diretamente sobre os rostos dos indivíduos, possivelmente em duas partes (a união vertical no centro de alguns sugere uma juntura). Talvez fosse a partir de modelos "fotográficos" como estes que Tutmés tenha criado depois suas esculturas de pedra, aperfeiçoando os traços para agradar a um público mais amplo.

Enquanto os escultores manejavam seus martelos e cinzéis na necrópole, a corte seguia com seus assuntos na cidade central. No Escritório de Correspondência, os escribas traduziam e arquivavam as comunicações enviadas a Aquenaton pelos reis estrangeiros. O mundo mais próximo das fronteiras do Egito encontrava-se aturdido. Na Síria, os agora poderosos hititas estavam aquecendo os músculos, conquistando territórios dos antigos aliados do Egito, os mitânios, e preocupando seus outros aliados do Oriente Próximo. Suppiluliumas, o governante hitita, tinha feito acenos amistosos para Aquenaton, que se iniciaram com uma carta de felicitação após sua coroação, mas o rei de Chipre avisou o faraó que tratasse com cuidado desses avanços: "Não te unas ao rei dos hititas!".

Quando os hititas avançaram contra eles, os pequenos reinos que se tinham considerado sob a proteção do Egito suplicaram ajuda. Akizzi, governante de Qatanum, escreveu a favor de outros quatro monarcas, suplicando que Aquenaton — se não estava disposto a acudir com um exército vingador — enviasse pelo menos reforços, e se oferecia a pagar qualquer preço: "Dizem que o rei meu senhor não partirá. Portanto, deixai que meu senhor despache arqueiros, e deixai que os socorram. Deixai que os ministros de meu senhor digam qual deve ser seu tributo, e eles o pagarão". Mas não foi enviada nenhuma ajuda, e Suppiluliumas estava pronto nas planícies de Alepo para receber a homenagem e o tributo daqueles reis recém-conquistados, que agora se converteriam em seus vassalos em vez de vassalos de Aquenaton. A notícia chegou até Aquenaton: "Todos os servos do rei meu senhor caíram diante dos hititas".

É possível que houvesse fortes razões tácticas por trás da aparente falta de vontade de Aquenaton de responder: os arquivos descobertos no Amarna não contêm o lado egípcio da correspondência, que dever ter sido enviada escrita sobre papiros. Segundo alguns estudiosos, no entanto, o rei estava muito preocupado com suas obsessões religiosas para olhar para o mundo exterior. Exibia poucos sinais das virtudes militares cultivadas por seus antepassados, e parecia mais interessado em dirigir as obras de seus artistas e em adorar a seu deus que em conduzir seus exércitos.

De todo modo, o prestígio do Egito não podia ser um assunto indiferente para Aquenaton. As tumbas de Amarna registram uma elaborada cerimônia, celebrada no 12.° ano de seu reinado, na qual o rei recebeu delegações de enviados que lhe trouxeram tributos. As tumbas de Huya, administrador principal da rainha viúva, Tiy, e de Meriri II, supervisor do harém, contêm uma crônica deste acontecimento. Seus relevos mostram a família real, servida por cortesãos, criados, carregadores de leques e escoltas militares, recebendo dádivas dos embaixadores. Uma inscrição registra como Aquenaton e Nefertiti chegaram às cerimônias, em grandes palanquins, ou liteiras, de Estado dourados que deviam reluzir como o próprio disco do Aton, deslumbrando os olhos daqueles que as contemplavam. Os exóticos tesouros apresentados diante do casal real eram as oferendas mais finas que os vizinhos do Egito podiam proporcionar, enviadas da "Síria e de Kush, do Oeste e do Leste, todas as terras unidas ao mesmo tempo, e das Ilhas no meio do Grande Mar Verde".

É possível que o acontecimento não fosse um completo deleite para os dignitários estrangeiros que ali compareceram. O faraó divertiu-se ao calor de seu pai celestial, mas alguns visitantes de sua corte voltaram para casa com queixas. O rei Ashuruballit I da Assíria exigia ousadamente de Aquenaton: "Por que meus mensageiros devem permanecer de pé diretamente sob o sol? Morrerão diretamente sob o sol. Se ao rei lhe faz bem permanecer diretamente sob o sol, então deixemos que o rei permaneça ali e morra diretamente sob o sol. Então pelo menos haverá algum proveito para o rei!".

É possível que alguns dos leais súditos do faraó estivessem intimamente de acordo com Ashuruballit. Mas, se consideravam que era um excesso dos raios do Aton o que havia desarranjado o cérebro real, guardaram isso para si mesmos. No entanto, quando no 17° ano de seu reinado Aquenaton morreu — ao que parece de causas naturais —, fizeram poucos esforços para perpetuar suas reformas religiosas.

A controvérsia ronda seu sucessor seguinte. Nos últimos anos, alguns historiadores sugeriram que Nefertiti assumiu a coroa por um tempo antes de passá-la a Smenkere, que sobreviveu a Aquenaton apenas três anos. Outros estudiosos afirmam que Smenkere sucedeu logo a Aquenaton. Smenkere pode ter sido o irmão caçula do rei, e seu caminho para o trono pode ter sido aberto pelo casamento com a mais velha das filhas de Aquenaton. A questão de se Nefertiti governou, ainda que de forma breve e encoberta, antes de Smenkere, é um assunto ainda mais complicado porque se argumentou que os restos esqueléticos que se acreditava que fossem de Smenkere não são em absoluto dele, mas sim do próprio Aquenaton. Fosse qual fosse o caso, as evidências anatômicas comparativas indicam que os restos hoje identificados como de Smenkere têm uma relação de sangue com o faraó seguinte na linha de sucessão, o muito mais famoso Tutancâmon.

A ascensão de Tutancâmon — um menino de nove anos naquela ocasião — anunciou a restauração completa da antiga religião do Estado. Uma proclamação, emitida em nome do novo monarca, deplorava as condições do reino, com seus templos deteriorados, seu povo desanimado, e seus deuses tão irritados que tinham voltado as costas para o Egito. Para satisfação da instituição sacerdotal, os antigos deuses foram trazidos de volta mais uma vez. E, para confirmar o fato de que uma nova onda varria agora o reino, Tutancâmon declarou também que a cidade do disco do sol tinha de ser abandonada.

Sem deixar lembranças nem lamentações, os habitantes de Aquetaton reuniram seus pertences mundanos e partiram. Nada que fosse considerado de utilidade foi deixado para trás. É possível que os escribas do Escritório de Correspondência decidissem que seus arquivos de cartas estrangeiras representavam um excesso de bagagem: deixaram-nas em Aquetaton, onde finalmente foram enterradas pela areia, destinadas a permanecer inalteradas naquela cidade fantasma calcinada pelo sol até que a mulher camponesa as trouxesse de novo à luz.

O general Horemheb, que se tornaria faraó, e que nessa condição faria mais para apagar a lembrança de Aquenaton que nenhum outro, exibe aqui uma série de colares de ouro enrolados concedidos por Tutancâmon, então rei. Sobre a cabeça usa um cone ornamental, comum em sua época, que era feita de uma mistura de banha e perfume que se derretia gradualmente para aromatizar tanto sua peruca quanto sua pessoa.

Após reinar por menos de uma década, Tutancâmon morreu. A coroa passou para Ai, um velho porém ambicioso oficial que se casou com a filha mais velha remanescente de Aquenaton, Ankhesenamon. Alguns historiadores pensam que é possível que seja até mesmo o irmão da rainha Tiy e o pai de Nefertiti, o que, se for verdade, significa que se casou com sua própria neta, uma relação não tão impensável nas complicadas realidades da política e das linhas hereditárias do Egito. Ai tinha sido uma figura importante na corte de Aquenaton, como indica uma inscrição em sua tumba: "Fui um dos favorecidos por seu senhor todos os dias. Meu nome adentrou no palácio devido à minha utilidade ao rei, devido a que ouvi seus ensinamentos". Mas os tempos tinham mudado. Iniciou-se a erradicação da lembrança não apenas do faraó herege como também de seus sucessores imediatos. Ai retomou os projetos de construção em Karnak que Aquenaton tinha iniciado como Amenhotep IV, eliminando o nome do faraó e acrescentando o seu a eles. Até mesmo as inscrições que louvavam Tutancâmon foram eliminadas e substituídas por cartuchos de Ai durante o breve período de aproximadamente quatro anos de reinado.

A autêntica tarefa de eliminar Aquenaton da história foi empreendida pelo faraó seguinte. Horemheb foi um homem militar, comandante-em-chefe do exército após a morte de Aquenaton. Ao que parece para assegurar seu lugar na sucessão real, casou-se com Mutnodjmet, irmã de Nefertiti e talvez também filha de Ai. No complexo do templo de Amon em Karnak, gravou na pedra sua intenção de purgar o Egito da podridão que se tinha estabelecido durante o reinado de Aquenaton. Todas as pragas do reino, dos coletores de impostos ladrões até os juízes corruptos, tinham que ser erradicadas. Mas, o mais importante, o nome do faraó que tinha iniciado aquela degradação e feito que o Egito perdesse o amor a seus antigos deuses tinha de ser apagado de todos os registros. Até mesmo as paredes de pedra dos templos que o herege tinha edificado a seu enganoso Aton tinham de ser derrubadas.

Para levar a cabo a ordem real, um capataz em Karnak reuniu sua equipe de demolição e ergueu a vara de seu cargo. Quando bateu a vara contra a parede, ou, talvez, quando a ergueu para golpear um trabalhador muito preguiçoso, o pequeno arremate de sua ponta, — que trazia o cartucho de Horemheb — desprendeu-se e caiu na crescente pilha de escombros. No ano 1978 d.C., seria encontrado pelo egiptólogo Donald Redford, entre os restos do templo de Aquenaton a seu deus esquecido.

AS HISTÓRIAS QUE AS MÚMIAS CONTAM

Das muitas relíquias legadas ao mundo pelos egípcios, nenhuma é mais fascinante que suas múmias. São os restos quase vivos de pessoas de verdade — tanto plebeus quanto reis — que viveram e morreram muito antes que os europeus pudessem chamar a si mesmos de civilizados. O corpo de Ramsés II, por exemplo, com seus 3.200 anos de antigüidade, encontra-se tão bem conservado que até os dedos de seus pés, individualmente enrolados (acima), sobrevivem intactos.

Testemunhas mudas de seus tempos, as múmias têm, apesar de tudo, histórias a contar sobre a vida no antigo Egito, histórias que os cientistas que as estudam extraem de seus ossos e de sua carne usando várias técnicas médicas modernas, inclusive os raios X, a tomografia computadorizada e as autópsias forenses. Os especialistas conseguiram reconstituir células sanguíneas e usá-las para rastrear parentescos. Assim, quando as amostras de sangue de Tutancâmon coincidiram com as tomadas do corpo de uma múmia masculina não identificada que se parecia ao rei-menino, os cientistas puderam postular que se tratava ou de Smenkere, que alguns acreditam ser o irmão mais velho de Tutancâmon, ou de seu suposto pai, o faraó Aquenaton. No futuro, talvez seja possível coletar o DNA das células de antigos egípcios e utilizar a informação genética que contêm para confirmar as conexões familiares.

As múmias mostram que muitos egípcios não viveram muito tempo, de fato, morreram entre as idades de 35 e 40 anos de uma variedade de moléstias e doenças. Ocasionalmente exibem impressionantes evidências de vidas truncadas. Os restos esqueléticos da rainha Mutnodjmet da XVIII Dinastia apareceram junto com os de um bebê, o que sugere que morreu de parto com a idade de 42 anos, 12 anos depois de casar-se com o faraó Horemheb, um plebeu que usurpou o trono. O médico antropólogo que estudou seus ossos encontrou um extenso trauma em sua pélvis, indicador de múltiplos partos. Mas visto que os registros revelam que Horemheb não teve herdeiros, seus bebês devem ter nascido mortos ou ter morrido pouco depois do parto. O cientista teoriza que durante seu casamento Mutnodjmet pode ter ficado grávida 13 vezes, e que como resultado de seus frustrados esforços para dar à luz um príncipe antes da menopausa foi ficando progressivamente anêmica, até que sua última gravidez lhe custou a vida.

Se Mutnodjmet tivesse dado à luz um filho vivo, a história talvez tivesse sido diferente. Se, como alguns pensam, era irmã da rainha Nefertiti, sua descendência talvez tivesse dado legitimidade ao reinado de Horemheb, e a XVIII Dinastia, uma das mais gloriosas do Egito, talvez tivesse continuado. Em vez disso, chegou a um fim abrupto com a morte de Horemheb por volta de 1310 a.C.

OS ETERNOS

Graças a dois incríveis achados ocorridos no final do século XIX, a maioria dos corpos dos faraós das Dinastias XVIII, XIX e XX sobrevive até hoje. Suas múmias, junto com as de muitas de suas rainhas, foram descobertas em dois esconderijos secretos, onde tinham sido escondidas há cerca de 3.000 anos pelos sacerdotes ansiosos em protegê-las dos ladrões de tumbas.

Tão bem conservado como Ramsés II, de 90 anos (*direita*) estava seu pai, Séti I (*abaixo*), e Yuya e Tuya (*página oposta*), pais da rainha Tiy, esposa de Amenhotep III. Os raios X aplicados em sua cabeça mostraram que Ramsés foi, como expressou um especialista, "um mutilado dental". Não apenas tinha os molares fortemente cariados, como também exibia abscessos dentais e uma severa periodontite. Além disso, tinha uma doença cardíaca, endurecimento das artérias, e artrite nos quadris e na espinha dorsal que o obrigavam a manter uma postura encurvada. A análise de seu longo e ondulado cabelo revelou um fato surpreendente: em sua juventude, o faraó de quase 1,80 metro de altura tivera uma cabeleira castanho-avermelhada.

Exibida em Paris, onde foi enviada para sua conservação em 1975, a múmia de Ramsés VI (*acima*) permanece diante de um fundo de um relevo mural que o mostra como um guerreiro conduzindo uma carruagem em pleno vigor de sua juventude. A múmia de seu pai, Séti I (*esquerda*), traz um colar elaborado pelos sacerdotes depois que os ladrões arrancaram sua cabeça em busca de objetos de valor escondidos entre as envolturas.

Achados em sua própria tumba, Yuya, mestre de carruagens do rei, e sua esposa Tuya, encontram-se entre as múmias melhor conservadas. Os traços de Yuya sugerem que pode ser de origem mediterrânea do leste. Originalmente cortesãos, o casal adquiriu um categoria superior quando sua filha Tiy casou-se com um rei.

DIAGNÓSTICO MÉDICO PARA OS ANTIGOS MORTOS

As múmias têm muito a dizer sobre as inter-relações entre os egípcios e seu ambiente. Seus pulmões mostram enegrecimento por causa da fumaça das lâmpadas de azeite e das fogueiras para aquecer e cozinhar, uma condição que deixou muitos deles com antracose, uma doença dos mineradores de hoje. Ainda mais abundante era a silicose, uma enfermidade causada pela inalação de pó de areia durante as tempestades do deserto.

A areia agitada pelo vento, assim como as partículas das pedras ao serem esculpidas, ia parar no grão e na farinha, produzindo um pão arenoso que desgastava os dentes. O rápido desgaste dos dentes levava à invasão dos canais das raízes pelas bactérias. Os abscessos de gengivas e mandíbulas, por sua vez, diminuíam a resistência e, quando se estendiam ao pescoço, podiam provocar a morte.

O próprio Nilo, doador de vida durante sua inundação anual, podia tirar vidas também, como demonstram os restos de vários parasitas nascidos às margens do rio e encontrados com freqüência nas múmias. Os parasitas introduziam-se nas vítimas através da comida e da água de beber ou por exposição direta às larvas microscópicas. Um parasita virulento, o verme bilharziose, ou esquistossomose, que adere aos vasos sanguíneos, pode afetar adultos e crianças que cruzem os canais e andem ao longo das lamacentas margens do Nilo. Causava um lento declínio mental e físico naqueles que invadia.

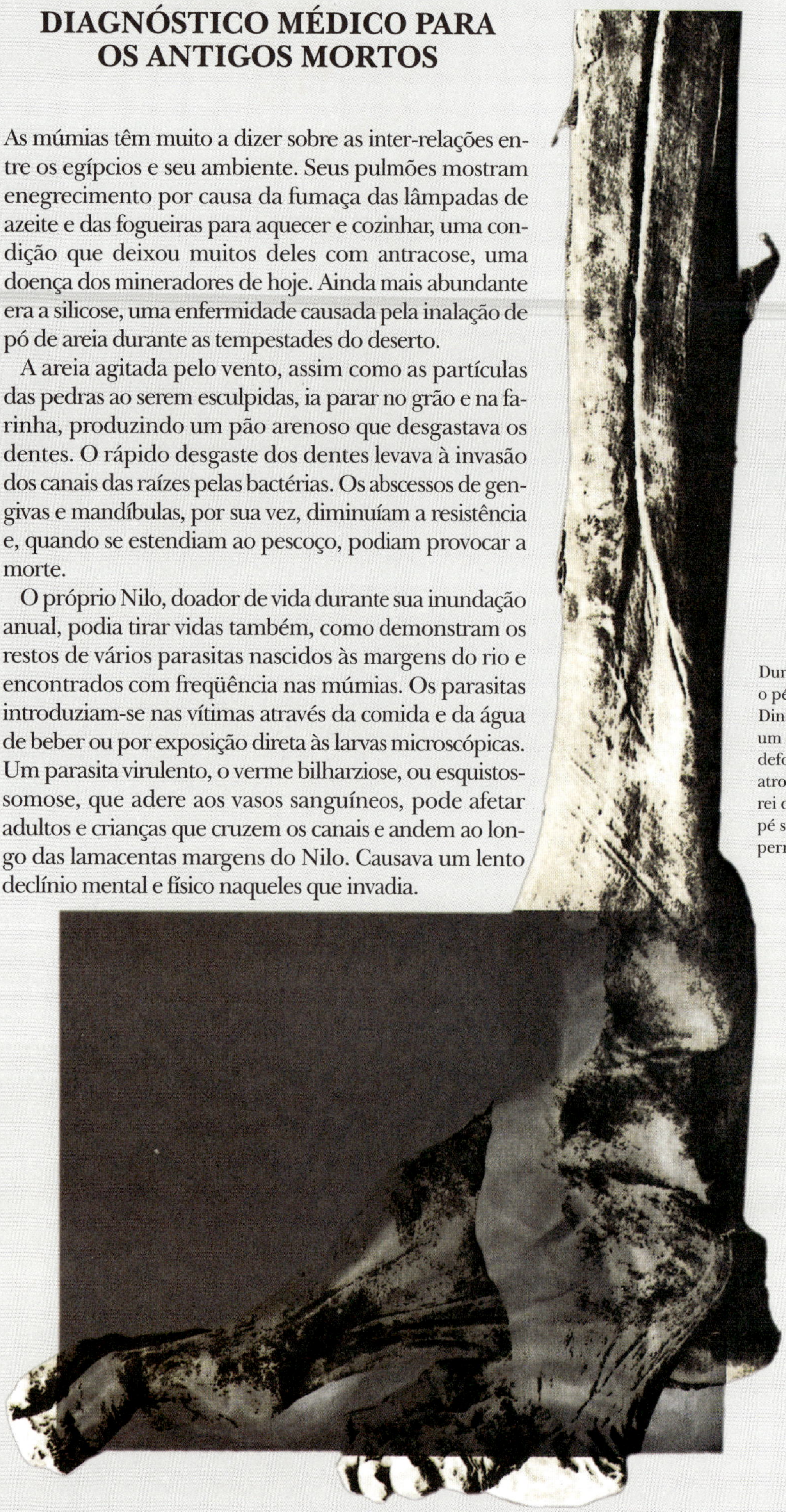

Durante muito tempo acreditou-se que o pé deformado do faraó da XIX Dinastia Siptah fosse congênito. Mas um exame por raios X revelou deformidades no osso e nos músculos atrofiados indicadores de pólio, que o rei deve ter contraído na juventude. O pé se estendeu para compensar a perna mais curta.

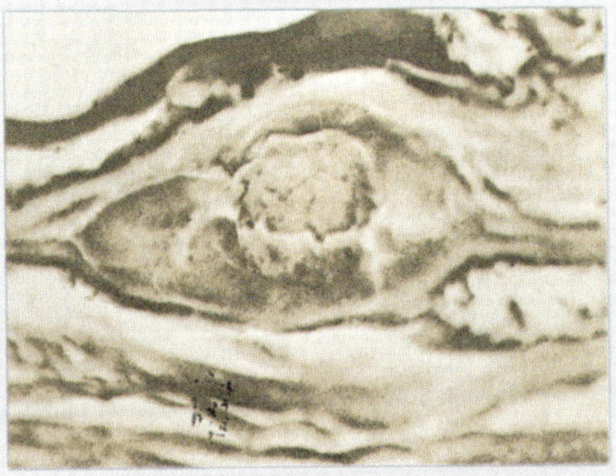

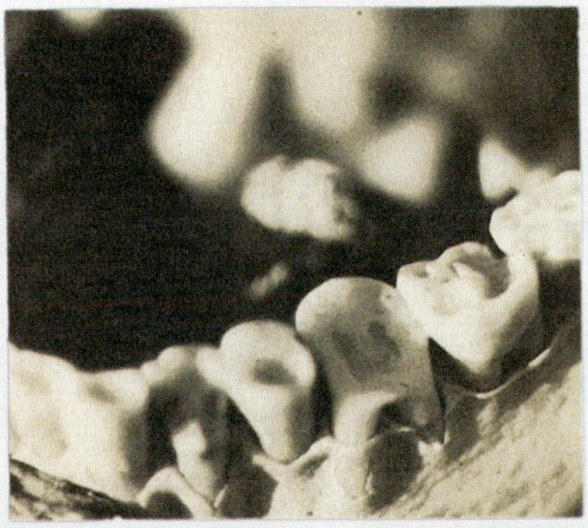

Três amostras de evidências médicas obtidas de múmias incluem um tumor *Trichinella* (*acima à esquerda*), produzido pelo parasita que se encontra no porco infectado e mal cozido; glóbulos vermelhos de sangue tipo B reidratados (*esquerda*); e dentes desgastados pela areia.

Envolta em tiras de lonas de linho refugadas, a múmia abaixo, submetida a uma autópsia num laboratório francês, corresponde possivelmente a um marinheiro.

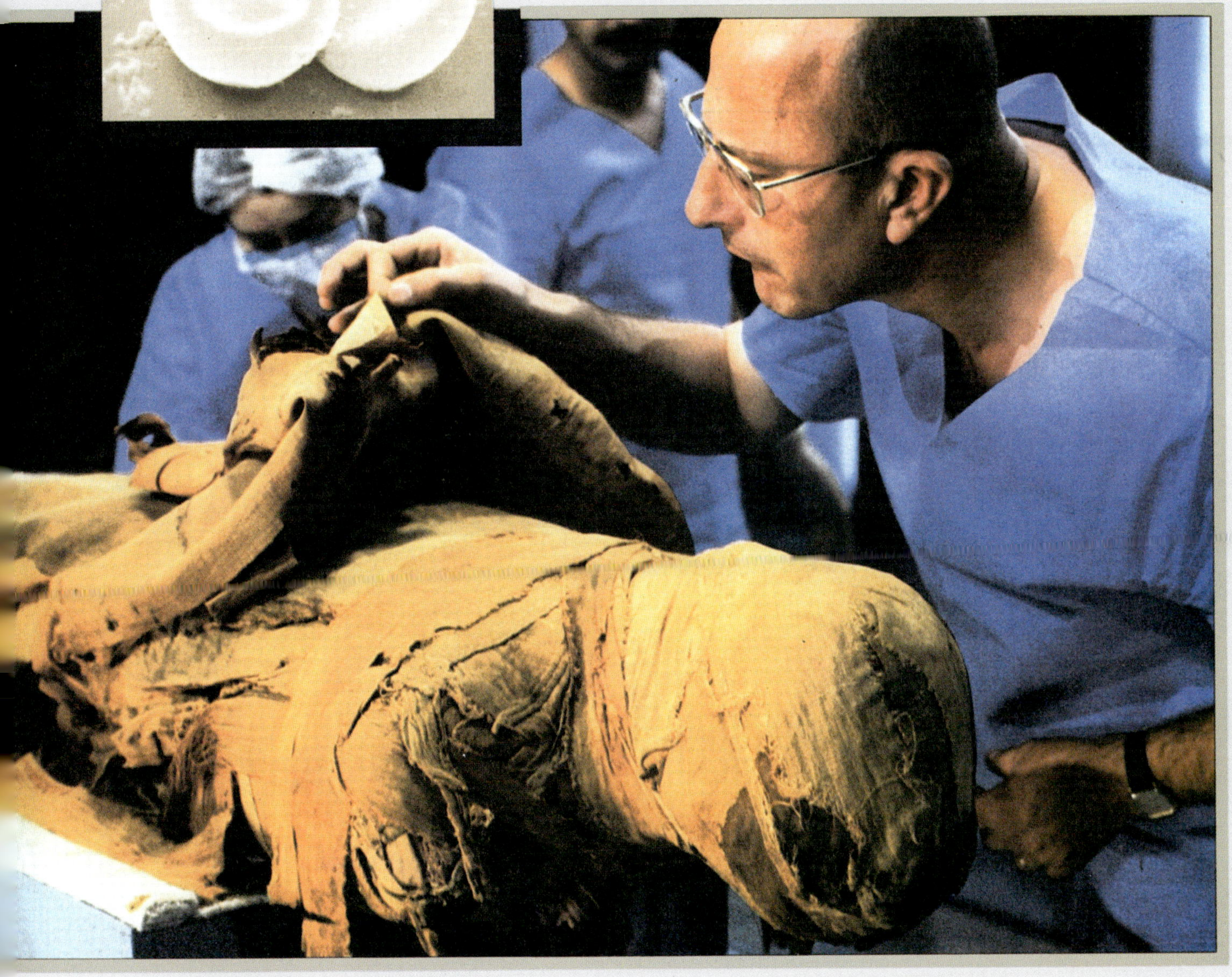

UMA QUESTÃO DE IDENTIDADE EQUIVOCADA

Na pressa de resgatar os corpos dos faraós e de suas rainhas dos ladrões de tumbas e transferi-los a um lugar seguro, os antigos sacerdotes confundiram, ao que parece, alguns deles depois de reenrolá-los. Para ajudar a resolver a confusão contamos com o ortodontista e antropólogo forense norte-americano James Harris.

Harris, cuja paixão de toda a vida foi o estudo dos antigos egípcios, conseguiu permissão para examinar por raios X as múmias reais do Museu do Cairo. As análises das imagens feitas por Harris e seus colegas permitiram corrigir as idades dos faraós no momento da morte. Quando examinaram por raios X uma múmia etiquetada como Tutmés I, descobriram que o corpo era o de um rapaz de 20 anos, não o do homem que, segundo os registros históricos, morreu aos 50 e tantos anos. Aqui, evidentemente, havia um caso de erro de identidade.

Harris submeteu a raios X os crânios das múmias reais e inseriu sua estrutura óssea e seus diagramas dentais num computador. As comparações assinalaram características similares entre indivíduos intimamente relacionados, mas também mostraram disparidades tão surpreendentes que deu certeza de que os sacerdotes também tinham etiquetado mal várias outras múmias reais.

No caso de uma mulher não identificada, conhecida há muito tempo pelos arqueólogos simplesmente como "a dama anciã", Harris gerou provas com os raios X (*abaixo*) que demonstravam que não podia ser outra senão a rainha Tiy, mãe do faraó herege Aquenaton.

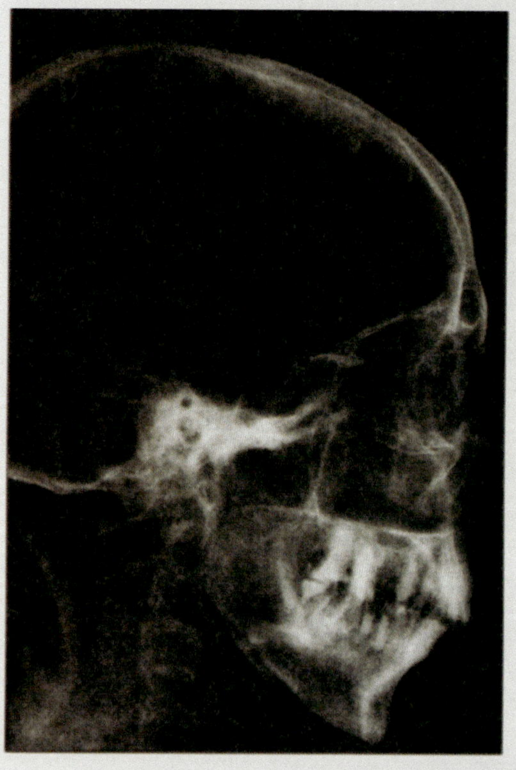

Uma imagem por raios X do crânio de uma múmia feminina, sobreposta aqui à cabeça (*esquerda*), compartilha feições com a de Tuya, mãe da rainha Tiy (*acima*). O exame das duas imagens por raios X parece indicar que as mulheres estavam intimamente relacionadas, quase certamente mãe e filha.

Uma cabeça esculpida da rainha Tiy mostra traços que encaixam com a múmia da ponta esquerda. Uma amostra do cabelo da múmia corresponde-se com o cabelo de um pequeno féretro (*direita*) associado com a rainha Tiy e achado na tumba de Tutancâmon, seu suposto neto, o que parece confirmar a identificação do corpo.

RECONSTRUIR UMA VIDA

As múmias podem lançar luz sobre alguns detalhes íntimos das vidas até mesmo das pessoas comuns. Isso chega a ser emocionante como no caso de uma moça anônima de 13 anos, relacionada simplesmente como o número 1770 num museu de Manchester, Inglaterra.

Sua múmia tinha mais de 3.000 anos de idade, mas tinha sido enfaixada de novo cerca de mil anos mais tarde, no século IV d.C., por razões desconhecidas. Quando foram retiradas estas ataduras em 1975 na Universidade de Manchester, onde foi submetida a uma autópsia, o corpo estava em muito mal estado, com o crânio quebrado em mais de 30 pedaços. Os dentes, no entanto, estavam intactos, e sua falta de desgaste sugeria que a jovem tinha sobrevivido com uma dieta mole ou líquida. A presença nas paredes intestinais de uma espécie calci ficada de filária, um parasita debilitante do Nilo que possivelmente tinha adquirido através da água ingerida, contribuiu evidentemente para o seu estado.

A jovem não tinha os pés, e suas duas pernas estavam quebradas. Visto que sua carne mostrava sinais de decomposição, possivelmente por imersão na água, alguns acreditam que pode ter sido vítima não de uma doença ou de parasitas, mas sim de um crocodilo do Nilo.

Para reconstruir o rosto da jovem aplicou-se argila a um modelo do crânio (*abaixo*), seguindo as escalas padrão de espessura da pele. Os lábios entreabertos do retrato de cera terminado (*abaixo à esquerda*) refletem seios nasais obstruídos no lado esquerdo de sua cabeça, uma condição que pode ter forçado a moça a respirar pela boca.

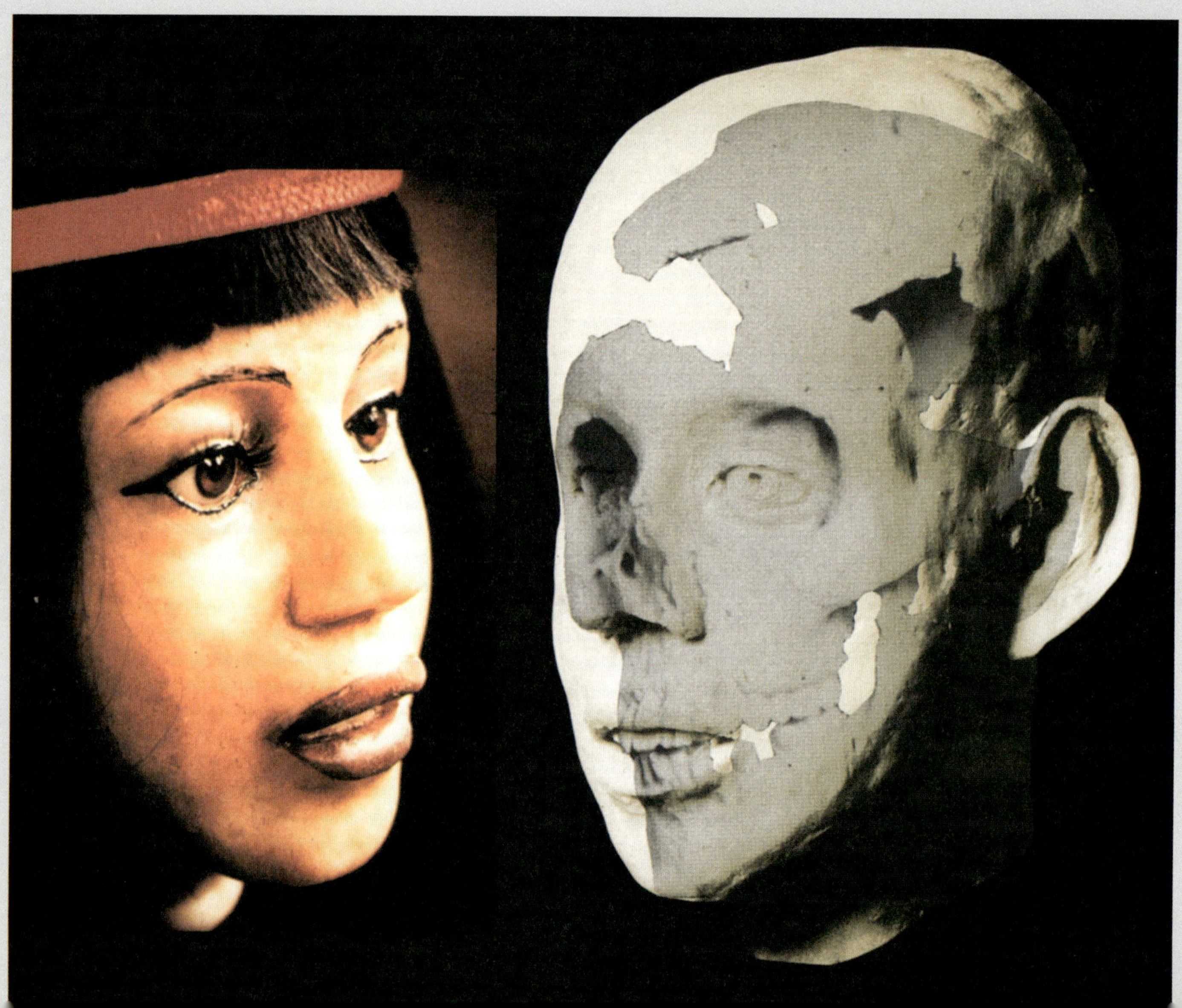

UMA OLHADA DEBAIXO DAS BANDAGENS

Hoje em dia, os cientistas podem examinar uma múmia sem precisar retirar as bandagens que a cobrem ou sequer tirá-la de seu ataúde. Fazem isso utilizando tomografia computadorizada, máquinas usadas na medicina para realizar diagnósticos sem necessidade de cirurgia invasiva. Com estes tomógrafos são obtidas "fatias" do ataúde e do corpo numa série de imagens consecutivas. Estas imagens permitem não apenas ver se há objetos valiosos ocultos em seu interior, com também examinar os ossos e os tecidos macios para uma avaliação mais completa de antigas moléstias do que a que é possível obter com o uso dos raios X.

Utilizando supercomputadores em seus exames, os cientistas tomam as imagens bidimensionais produzidas pela tomografia computadorizada e convertem-nas em imagens tridimensionais em seus monitores. Depois podem girar estas imagens para examinar a múmia de diversos ângulos e, caso queiram, manipulá-las para mostrar o indivíduo em várias idades cronológicas.

Com os dados obtidos deste modo, os pesquisadores às vezes dão um passo a mais e constroem modelos dos rostos dos indivíduos encerrados nos ataúdes, acrescentando um novo significado à antiga noção de outra vida para os mortos egípcios.

O rosto espantoso de uma múmia de 2.900 anos de idade envolta em suas bandagens, correspondente a uma mulher chamada Tabes, emerge das imagens de um tomógrafo computadorizado. Seu cabelo está emaranhado pelas resinas dos embalsamadores, e seu nariz deslocado para fora do lugar por causa de uma máscara funerária.

QUANDO O FIM CHEGOU VIOLENTAMENTE

Algumas múmias falam de antiga violência. Entre elas encontra-se o corpo de Seqenenre Tao, um dos últimos governantes da XVII Dinastia. Seqenenre, de origem tebana, iniciou as guerras de retomada do delta do Nilo e da cidade de Mênfis dos hicsos, um povo asiático que tinha governado o norte do Egito durante mais de um século. Da luta emergiria o Império Novo.

O rei de 30 anos mostrado abaixo morreu devido aos ferimentos na cabeça provocados por machados, uma clava e uma lança. Alguns historiadores argumentaram que foi assassinado, talvez enquanto dormia. Estudos mais recentes indicam o contrário: as feridas de Seqenenre, que coincidem com as armas de bronze usadas pelo inimigo, foram infligidas em batalha.

Sua morte dever ter sido horrível. A recuperação anterior do osso em volta da abertura na parte superior de sua testa e a contorção de seu braço mumificado, que reflete paralisia causada por lesão cerebral, são tomadas como evidência de que o rei foi ferido inicialmente num confronto anterior. Apesar de sua condição debilitada, parece ter morrido lutando alguns meses mais tarde; o ângulo das feridas sugere que o fim chegou para ele quando estava caído de joelhos. Uma lança, atingindo justo atrás da orelha esquerda do rei, possivelmente aplicou o golpe de misericórdia.

A cabeça de Seqenenre Tao, paralisada em seu esgar final, exibe seus ferimentos. Seu mal conservado estado é devido possivelmente a que o rei foi apressadamente embalsamado ali onde caiu, a fim de que seu corpo pudesse ser enviado de volta a Tebas para o enterro real.

A agonia permanece congelada no rosto de um corpo não embalsamado. Atada de mãos e pés, a vítima anônima foi encerrada numa pele de ovelha — considerada ritualmente suja pelos egípcios — e colocada num ataúde sem nenhum ornamento por razões desconhecidas. Ao que parece foi deixada ali para que se asfixiasse. A secura da tumba desidratou seu corpo, conservando-o.

CAPÍTULO 4

NO VALE DOS MORTOS

Seria preciso interromper as escavações. Durante seis infrutíferas temporadas George Herbert, quinto conde de Carnarvon, tinha investido 25.000 libras — o equivalente a mais de meio milhão de dólares em moeda atual — nas expedições do arqueólogo Howard Carter ao Vale dos Reis, e o único resultado fora a descoberta de 13 potes de alabastro. Agora, no verão de 1922, o decepcionado aristocrata estava disposto a abandonar o sonho que tinham compartilhado de encontrar a tumba perdida de Tutancâmon. Como um jogador que se levanta da mesa de jogo após um longo período de azar, o conde tinha perdido todo desejo de mais aventuras.

Carter, no entanto, estava decidido a continuar. Diante do colapso total da ambição de toda sua vida, o baixo e robusto arqueólogo, cujo longo nariz e imperioso bigode lhe proporcionavam uma expressão feroz, assegurou ousadamente que seguiria adiante a suas próprias custas. Dada a condição financeira de Carter, aquela era provavelmente uma afirmação vazia, mas lorde Carnarvon ficou impressionado com a convicção do amigo e aceitou relutante financiar mais uma — e apenas uma — temporada.

Carter estava virtualmente sozinho em sua crença de que as câmaras funerárias de Tutancâmon continuavam intactas no Vale dos Reis. Em 1922, a obcecada devoção a sua busca tinha causado o desdém em alguns de seus colegas. Seu interesse pela tumba tinha surgido 15 anos antes, em 1907, quando um rico advogado norte-americano chamado Theodore Davis — que após se aposentar tinha convertido a arqueologia em sua segunda carreira — esbarrou com um pequeno poço que proporcionou fragmentos de artefatos, coroas florais e restos de comida e jarras de vinho, algumas das quais levavam o selo real de Tutancâmon. Como revelaram estudos

Uma efígie da divindade Anúbis, deus do embalsamamento e protetor dos mortos, senta-se sobre o cofre dourado sobre o qual descansou durante 3.245 anos na tumba de Tutancâmon, envolto num xale de linho (*foto em preto e branco*).

posteriores, a maior parte destas relíquias era, de fato, composta de restos da festa fúnebre que acompanhou o enterro do faraó, mas Davis afirmou ter localizado a tumba, uma conclusão que Carter rejeitou.

Em vez disto, a descoberta dos selos de Tutancâmon levou Carter a acreditar que o local de descanso do jovem faraó tinha de estar perto da escavação de Davis, num triângulo de terra de um hectare que abrangia as tumbas de três faraós: Ramsés II, Merenptah e Ramsés VI. Sua decisão de cavar apenas ali demonstrou tanto sua determinação quanto sua teimosia.

Chegou então a impressionante manhã de 4 de novembro de 1922. Quando Carter chegou a seu último — e talvez derradeiro — local de trabalho, que foi apinhado com escombros da tumba de Ramsés VI, foi recebido por um estranho silêncio. Seus trabalhadores tinham desencavado um degrau entalhado na rocha e estavam aguardando por ele. O arqueólogo ordenou que prosseguissem imediatamente com a escavação e aguardou "com mal reprimida empolgação" enquanto começava a surgir uma escada.

Dezesseis degraus desciam até uma passagem subterrânea cheia de escombros entalhada na rocha; tinha oito metros de comprimento, e foram necessários vários dias para desobstruí-la.

Formando um grupo triunfante, lady Evelyn Herbert, seu pai lorde Carnarvon, Howard Carter e seu ajudante, Arthur R. Callendar, posam ao lado dos degraus que levam à tumba de Tutancâmon pouco depois de ter efetuado uma das mais espetaculares descobertas arqueológicas do século.

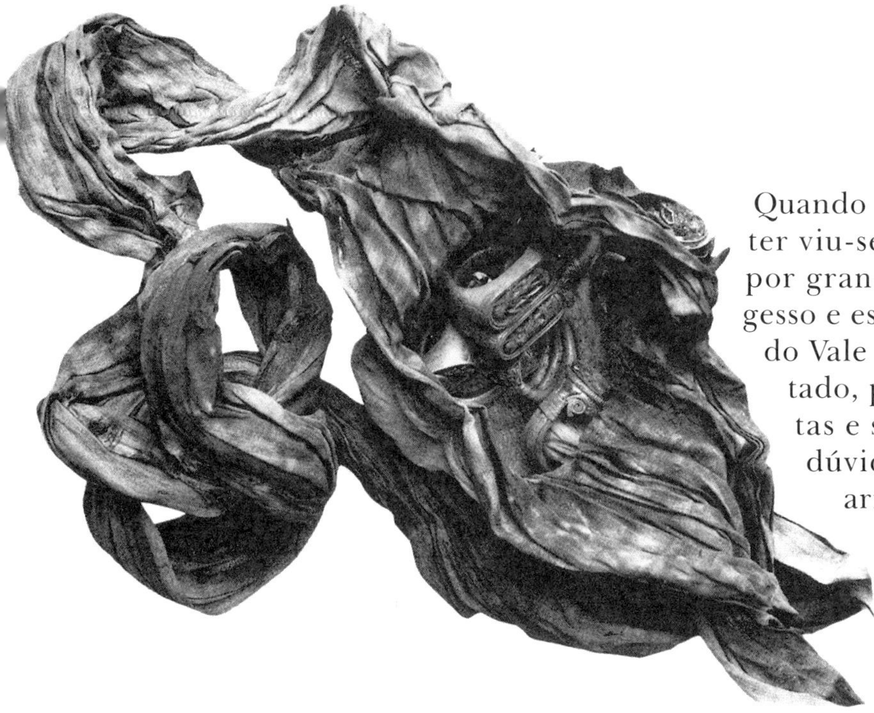

Um lenço de linho contém um tesouro em anéis de ouro. Encontrado numa caixa na tumba de Tutancâmon, ao que parece foi atirado ali por um guarda depois que um ladrão tentou escapar com o conteúdo. O local de descanso do faraó foi saqueado pelo menos em duas ocasiões em tempos antigos, e os ladrões conseguiram roubar cerca de 60% das jóias.

Quando o túnel finalmente foi desobstruído, Carter viu-se de pé diante de uma porta bloqueada por grandes pedras que tinham sido unidas com gesso e estampadas com os selos da necrópole real do Vale dos Reis. Com o coração um tanto apertado, pôde ver que as portas tinham sido abertas e seladas de novo em tempos antigos. "As dúvidas, nascidas de decepções anteriores, arrastavam-se em mim", escreveu mais tarde. Tratava-se realmente de uma tumba real? Tutancâmon foi descoberto enfim, apenas para se descobrir que a tumba tinha sido esvaziada por antigos saqueadores?

As respostas teriam de aguardar outras duas semanas até que seu patrocinador — que se achava na Inglaterra — pudesse comparecer a seu lado. Enquanto isso, ordenou que o túnel e a escada fossem cobertos de novo e fechados com grandes pedras, a fim de que os ladrões modernos não privassem os dois homens da experiência durante longo tempo sonhada de abrir eles mesmos a tumba.

O Vale dos Reis tinha sido um imã para os arqueólogos por décadas. Embora abrasador, seco e quase desprovido de qualquer coisa viva, acendia a imaginação com sua história maravilhosa. Naquele desolado lugar nas rochosas montanhas para além de Tebas, 28 poderosos faraós tinham partido para seu último descanso em tumbas profundamente escavadas que eram tanto moradas quanto sepulturas, repletas das riquezas e dos prazeres da vida. Os sepultamentos eram acompanhados com deslumbrantes espetáculos de riqueza e magia. E ao longo dos 420 anos em que o Vale foi ativamente usado para abrigar os despojos dos reis, uma florescente comunidade de operários e artesãos trabalhou incansavelmente escavando e decorando as tumbas reais, deixando para trás um incrível registro de suas virtudes e defeitos que faz que o Vale pareça não apenas um lugar para os mortos, mas também um lugar para os vivos.

Devido a seu isolamento, a área que seria conhecida como o Vale dos Reis tinha parecido segura contra os ladrões de tumbas, um lugar perfeito para os sepultamentos reais. Tutmés I (1504-1492 a.C.), o primeiro faraó a ser enterrado ali, tinha escolhido o vale como local final de descanso após notar que dificilmente se encontraria uma tumba real em todo o Egito — inclusive as pirâmides supostamente invulneráveis — que não tivesse sido saqueada pelos ladrões. Rompendo com a tradição, mandou que sua tumba fosse escavada na rocha viva. O enterro de sua múmia no Vale estabeleceu o esquema para três dinastias nobres, a XVIII, a XIX e a XX. Mas em seu devido tempo, mesmo as tumbas cuidadosamente escondidas nos penhascos caíram nas garras dos ladrões. E nos dias de Carter, os arqueólogos corriam atrás dos despojos tentando ganhar dos ladrões modernos. Mais de 50 equipes tinham esquadrinhado o Vale durante os últimos cem anos, descobrindo a maioria dos sítios funerários que se sabia que existiam ali. Entre 1902 e 1914, o advogado escavador Theodore Davis tinha encontrado pelo menos de 30 tumbas, todas as quais tinham sido saqueadas. "Tenho medo que o vale das tumbas esteja na atualidade esgotado", declarou Davis em 1912.

Não é surpreendente que Carter discordasse deste veredicto geralmente aceito. Ao longo de toda sua carreira tinha seguido seus próprios instintos, sem prestar muita atenção às opiniões dos outros arqueólogos. Treinado como desenhista e aquarelista, teve sua primeira exposição à egiptologia em 1890, com 17 anos de idade, quando lhe encomendaram alguns desenhos à tinta de um conjunto de plantas arqueológicas. Logo o jovem artista tinha acumulado conhecimentos impressionantes, na maior parte adquiridos por conta própria, sobre as civilizações antigas. Quando ainda era um adolescente, Carter serviu como ajudante de Flinders Petrie durante as escavações do arqueólogo na capital de Aquenaton de Amarna. E foi o primeiro diretor de escavações de Davis, com o qual participou no achado da tumba que a rainha Hatshepsut mandou construir depois de ter nomeado a si mesma faraó, assim como na descoberta dos tesouros de Yuya e Tuya, os pais da rainha Tiy.

À medida que sua experiência crescia, Carter acharia um improvável sócio no elegante e romântico conde de Carnarvon. Apelidado Lordy pelos egípcios do lugar, Carnarvon era extrovertido e jovial, enquanto Carter era sério e taciturno, mas a natureza vaidosa do conde ocultava uma inteligência inquieta. Anos antes, um acidente de automóvel quase fatal arruinou sua saúde e o deixou presa de uma dor constante. Aconselhado a tentar um tratamento de repouso, viajou ao Egito em 1903. Lá desenvolveu a paixão pelas relíquias egípcias, o que daria uma nova direção a sua vida.

Em 1906, Carnarvon estava financiando uma série de escavações menores perto de Lúxor quando um amigo o apresentou a Carter. Naquela ocasião Carter ganhava a vida como podia trabalhando como guia e pintando aquarelas para os turistas, e ansiosamente consolidou uma aliança com seu compatriota rico. As primeiras escavações realizadas juntos produziram alguns sucessos modestos, mas, à medida que a obsessão de Carter com Tutancâmon tornava-se mais profunda, os resultados tornaram-se mais escassos. Depois veio aquele dia decisivo no qual anos de escavações culminaram no que o mundo rapidamente consideraria o achado arqueológico mais importante de todos os tempos.

UM ABARROTADO LAR PARA O JOVEM TUTANCÂMON

Baseado nos esboços de Howard Carter e nas fotografias tiradas no momento de sua descoberta, este desenho da tumba de Tutancâmon escavada na rocha e seu conteúdo mostra os quatro aposentos tal como vieram à luz. Da esquerda para a direita ficam a antecâmara, o chamado anexo, a câmara funerária e o tesouro.

O enorme féretro que rodeava a múmia é apresentado em corte transversal para revelar os três féretros interiores que emolduravam um enorme sarcófago de quartzito dentro do qual eram alojados três ataúdes, o último de ouro puro. O tesouro adjacente continha, além da figura de Anúbis e do féretro tipo vitrina que continha os órgãos internos embalsamados do rei, caixas de jóias que tinham sido violadas e esvaziadas pelos ladrões.

Quando entrou na tumba, Carter dirigiu-se primeiro à antecâmara (*página seguinte*). Dominada por três divãs entalhados em formas de animais, este aposento era um emaranhado de objetos preciosos, entre eles cofres, cadeiras, tamboretes, um trono, carruagens desmanteladas e, nas palavras de Carter, "estranhos féretros negros", de um dos quais espiava "uma grande serpente dourada". Duas estátuas em tamanho natural do jovem faraó, cada uma das quais segurava uma clava e uma vara, guardavam a porta de seu local de descanso.

Carter mostrou-se assombrado. "Aquilo estava além de toda experiência — escreveu —, e naquele momento pareceu como se houvesse mais por fazer do que qualquer diligência humana podia conseguir." Carter e seus ajudantes precisaram de sete semanas apenas para desentulhar a antecâmara, e no processo usaram mais de um quilômetro e meio de acolchoado de algodão e 32 fardos de tecido de algodão barato para embrulhar os objetos para o transporte. Em resumo, passariam quase uma década esvaziando a tumba de seus mais de 3.000 objetos, muitos dos quais precisaram de conservação *in situ*.

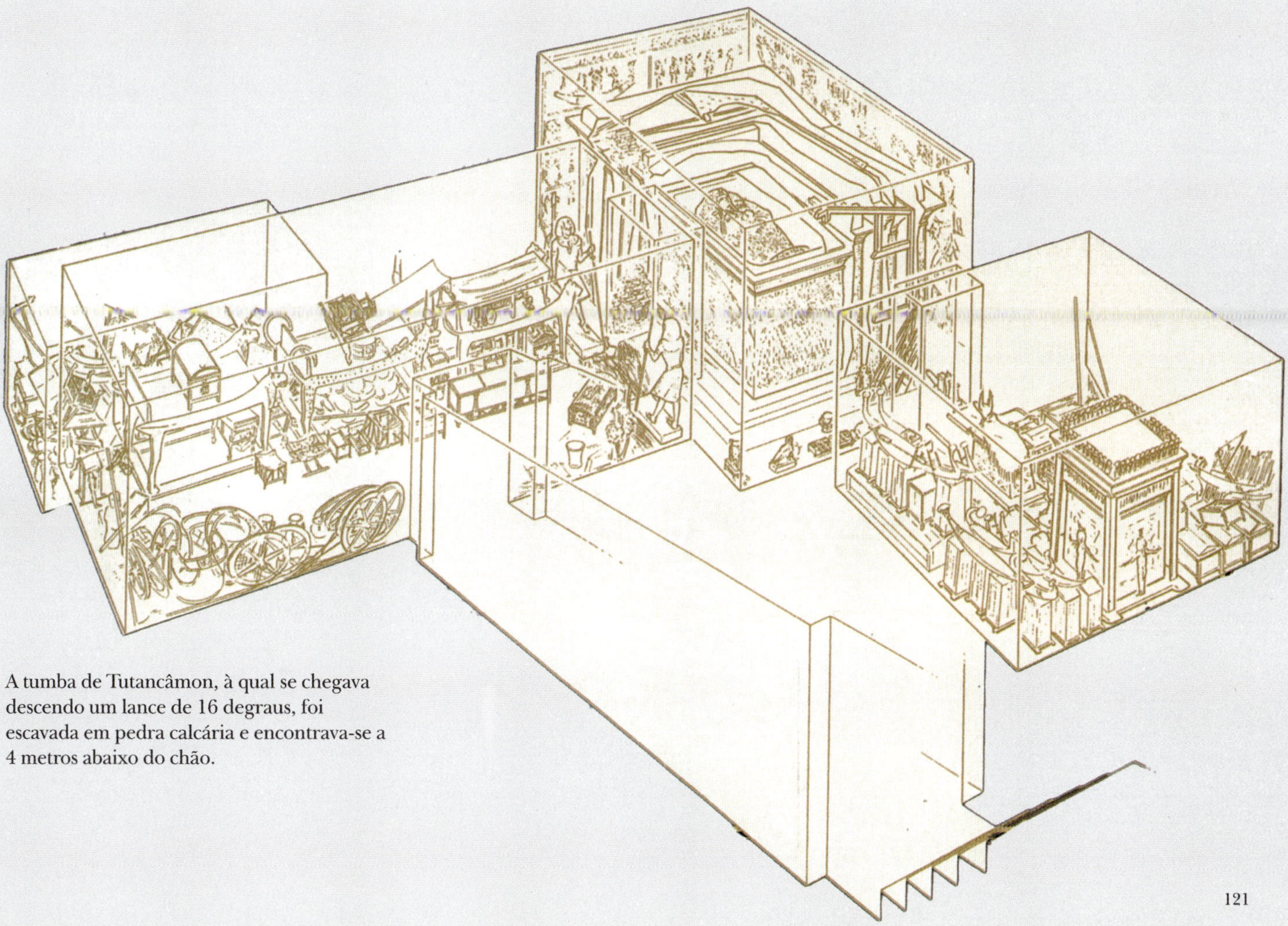

A tumba de Tutancâmon, à qual se chegava descendo um lance de 16 degraus, foi escavada em pedra calcária e encontrava-se a 4 metros abaixo do chão.

Ostentando os números identificadores de Carter, os objetos da antecâmara permanecem empilhados ali onde foram deixados 33 séculos antes. O divã bovino tem em seu lombo uma caixa de viagem e uma cama de ébano, sobre a qual descansam alguns tamboretes. Debaixo do divã há recipientes de madeira empilhados com comida que guardam várias fatias de carne bovina, sustento para a outra vida. Em primeiro plano à esquerda há um tamborete de ébano cujos pés, com faixas douradas, terminam em cabeças de pato. Na extremidade direita, sob o queixo do divã com cabeça de vaca, é possível ver as asas de grandes recipientes de perfume.

80
81
82
78
77
76
75
73
61
58
62
57
65
72
64

A estátua de madeira dourada da esquerda é uma das duas figuras do *ka* de Tutancâmon, de tamanho natural. Acredita-se que as estátuas foram pensadas como esconderijos para textos religiosos sagrados, mas as cavidades descobertas sob os saiotes — presumivelmente entalhadas para guardar os papiros — estavam vazias. A foto de cima mostra Carter e seu auxiliar, A. R. Callendar, embrulhando cuidadosamente uma das figuras em fevereiro de 1923.

A MALDIÇÃO QUE NUNCA EXISTIU

"A morte chega alada para quem entra na tumba de um faraó", reza um provérbio árabe. Em 1923, lorde Carnarvon morreu poucos meses depois de ter entrado na tumba de Tutancâmon. Sir Arthur Conan Doyle, o criador de Sherlock Holmes, disse acreditar que Carnarvon morreu como resultado dos "elementais — nem almas, nem espíritos — criados pelos sacerdotes de Tutancâmon" para guardar a múmia. O sensacionalismo jornalístico de todo o mundo se apressou a acreditar nisto, e nos anos seguintes a imprensa esteve atenta ao falecimento de qualquer um relacionado a Tutancâmon como prova da existência de uma maldição.

Mas Carter não acreditava em nada disto. Em sua opinião, "as pessoas sãs deveriam descartar com desprezo estas invencionices". De fato, o médico da equipe de Carter que realizou a autópsia do cadáver do rei viveu por muitas décadas mais e chegou a ser octogenário.

Graças a Hollywood, a idéia da maldição da múmia ainda existe; mas os egiptólogos profissionais, quando perguntados a respeito disto, provavelmente responderão: "Maldição? Que maldição?".

Com a chegada de lorde Carnarvon, da filha lady Evelyn e de seu amigo Arthur Callendar, ao local da escavação de Carter, este mandou que a passagem, anteriormente soterrada, fosse novamente desobstruída. E, no final da tarde de 26 de novembro, pegou seu cinzel pronto para retirar os blocos superiores da entrada e dar uma olhada mais atenta. Enquanto seus amigos observavam ansiosamente por cima de seu ombro, Carter pôs-se a trabalhar na escura e abarrotada passagem. "Com as mãos trêmulas abri uma pequena brecha no canto superior esquerdo", escreveu.

Carter passou sua vela pelo orifício e olhou o interior. "À medida que meus olhos se acostumavam à luz — lembrou —, detalhes do interior do recinto emergiram lentamente da bruma, estranhos animais, estátuas e ouro... por todos os lados a cintilação do ouro. Por um momento — que deve ter parecido uma eternidade para os demais espectadores — fiquei atordoado pela surpresa, e quando lorde Carnarvon, incapaz de resistir por mais tempo ao suspense, indagou com ânsia: 'É possível ver alguma coisa?' Tudo que consegui fazer foi murmurar: 'Sim, coisas maravilhosas.'"

Relutante, Carter afastou-se um pouco e alargou o buraco para que todos pudessem ver. Ali, diante deles, intocado há mais de 3.000 anos, estendia-se um impressionante conjunto de resplandecentes artefatos reais que apinhavam a pequena câmara do chão até o teto.

Ao descrever estes acontecimentos, Carter relata que ele e seus companheiros permaneceram contemplando durante um tempo o primeiro recinto, ou antecâmara, depois lacraram cuidadosamente a entrada e se retiraram antes da abertura oficial numa data posterior, quando as autoridades egípcias estivessem presentes. Este relato encaixa-se perfeitamente com o que devia ser feito segundo o acordo feito com o Serviço de Antigüidades Egípcio. Mas uma crônica não publicada na época, descoberta há poucos anos entre os papéis do Museu Metropolitano, aponta que o grupo de Carter na verdade passou aquela primeira noite dentro da tumba, desfrutando de sua descoberta.

Ao brilho trêmulo das lamparinas, Carter e seus companheiros contemplaram as maravilhas da manufatura egípcia jamais vistas por olhos modernos. Ao registrar em suas memórias sua empolgação no momento da abertura oficial da tumba, Carter estava descrevendo sem dúvida os furtivos deleites daquela noite anterior de exploração.

Quando Carter começou a revelar os segredos das câmaras funerárias de 3.245 anos de idade, sua atenção foi atraída por três divãs cerimoniais que ocupavam uma das paredes da antecâmara. Cobertos com folheado de ouro, os móveis tinham "os lados esculpidos em forma de monstruosos animais — escreveu. Feras sobrenaturais, com as cabeças jogando sombras grotescas contra a parede atrás delas, quase aterradoras".

Ainda mais notáveis eram os divãs empilhados ao acaso junto com outros tesouros: jarros de alabastro, caixas entalhadas e frascos de perfume, tabuleiros de jogo de marfim e ébano, inclusive um trono belamente entalhado e marchetado. Para onde quer que olhasse, Carter via objetos inestimáveis que tinham sido rudemente manuseados, provavelmente por ladrões que tinham entrado na tumba pouco depois da inumação de Tutancâmon. Num canto da antecâmara havia uma confusão de carruagens reais, com suas armações de madeira recobertas de ouro e incrustadas com pedras semipreciosas.

O trono de Tutancâmon, feito de madeira folheada a ouro, mostra a rainha ungindo o rei com bálsamos perfumados. Acredita-se que os ladrões arrancaram e levaram consigo o gradeado que outrora decorou os pés; devem ter derretido o folhado de ouro para vendê-lo.

Debaixo de um dos divãs, Carter notou um pequeno buraco — outra prova de ladrões de tumbas — que levava a outra câmara. Este aposento, posteriormente chamado de anexo, estava tão apinhado de riquezas que não restava sequer um centímetro de espaço livre no chão. Uma rápida olhada mostrou recipientes de pedra entalhada, caixas marchetadas e cadeiras elaboradamente modeladas, algumas empilhadas sobre outras.

Os leitos e banquetas dourados do faraó podiam ser vistos virados de cabeça para baixo e espalhados pelas duas câmaras. Cestos de vime ainda guardavam fruta e pão, e nas jarras havia vestígios de vinho, as provisões deixadas para que o finado governante as usasse no outro mundo. Mais de 50 cofres, alguns deles decorados com cenas cerimoniais, guerreiras ou domésticas, continham objetos tais como linhos, cosméticos, brincos e anéis. Entre os pertences do jovem rei foi encontrada uma valorizada mecha de cabelo da cabeça de sua avó, a rainha Tiy, talvez conservada por Tutancâmon como uma recordação de seu amor por ela.

Artefatos de surpreendente beleza e qualidade de manufatura não deixavam de atrair o olhar, entre eles pelo menos 35 modelos de barcos, muitos deles equipados como se estivessem a ponto de içar velas. Algumas destas embarcações eram rituais, previstas para transportar simbolicamente o falecido em sua viagem à outra vida. Outros representavam embarcações fluviais mais práticas elaboradas com madeira pintada.

Os mais empolgantes de todos aqueles tesouros recém-encontrados estavam no final. Na extremidade mais distante da antecâmara erguia-se um par de imponentes estátuas de

madeira que ladeavam uma porta de pedra. Essas estátuas eram retratos em tamanho real do próprio rei, vestidos com saiotes e sandálias de ouro brilhante, com xales de linho, deteriorados pelo tempo, pendendo de seus ombros. Sua finalidade tornou-se imediatamente clara para Carter: As figuras eram sentinelas, postas ali para vigiar os despojos do rei. "Por trás da porta guardada — notou Carter —, com todo seu magnífico arsenal de morte, deveríamos encontrar o faraó." Incapazes de se conterem, Carter e seus companheiros entraram naquela noite na câmara funerária real, utilizando um pequeno orifício na porta. Seus olhos logo pousaram num impressionante sepulcro dourado, ainda fechado. Perceberam de imediato que a múmia do rei tinha de estar ali.

Num pequeno aposento no qual se entrava pela câmara funerária encontraram outro sepulcro resplandecente, no-

O elaborado colar de ouro flexível acima, que cobria todo o peito da múmia de Tutancâmon, mostra a deusa Nekhbet como um abutre. As asas são feitas de 250 segmentos separados, e cada pluma está incrustada com cristais coloridos. As garras prendem o hieróglifo correspondente ao infinito.

tável pelas quatro figuras esculpidas e douradas de deusas guardando cada um dos lados. Dentro estava o cofre canópico de Tutancâmon, que não seria aberto antes que a maior parte da tumba tivesse sido limpa, anos mais tarde. Dentro daquele bloco translúcido de límpida calcita branca Carter encontraria os órgãos internos do monarca falecido, guardados em quatro câmaras cilíndricas seladas com tampas de pedra esculpida, cada uma das quais era um pequeno busto do rei. Dentro dos compartimentos havia pequenos ataúdes dourados em miniatura, um para cada um dos conservados fígado, pulmões, intestinos e estômago do faraó. Ao relatar sua experiência na tumba, Carter escreveu que se sentiu como um intruso no pó do tempo.

O arqueólogo sentiu-se sobrecarregado. Classificar todos aqueles tesouros exigiria o mais paciente cuidado e planejamento. Complicando o trabalho estava o confuso estado do conteúdo da tumba, resultado de pelo menos dois roubos e dos esforços apressados dos antigos funcionários para consertar as coisas no que fosse possível. E até mesmo num exame preliminar, era evidente que muitos dos artefatos tinham atingido um perigoso estado de desintegração. Uma sandália, que parecia estar em boas condições, reduziu-se a pó ao mais leve toque.

Durante as semanas seguintes, o Vale dos Reis tornou-se uma colméia de atividade: Foram trazidos materiais de conservação e armazenagem e construídas cabinas de vigilância. Ao mesmo tempo, Carter contratou uma equipe de especialistas de renome mundial, inclusive especialistas na conservação de antigüidades, estudiosos de textos antigos, desenhistas experientes e catalogadores. Um elemento chave entre eles foi o fotógrafo arqueológico Harry Burton, emprestado pelo Museu Metropolitano de Nova York, que registrou em fotos todos os objetos encontrados na tumba, primeiro nas posições que ocupavam quando foram descobertos e de novo depois de retirados.

Junto com o fluxo de cientistas e equipe chegou toda uma avalanche de jornalistas. Em pouco tempo, a descoberta da tumba de Tutancâmon tinha se tornado uma sensação mundial, e o Vale em pouco tempo parecia uma feira movimentada. Carter foi assediado por repórteres e inundado por cartas e telegramas. A maior parte dos correspondentes pedia suvenires ou ofereciam conselho e ajuda, mas alguns escreveram para prevenir Carter de que certamente tinha desencadeado uma mortífera "maldição da múmia" quando perturbou o descanso eterno do antigo governante. Hollywood disputou os direitos de filmar a história, e até mesmo a indústria do vestuário antecipou-se com planos para uma linha exclusiva de moda inspirada em Tutancâmon.

Este pequeno ataúde de ouro, de 40 centímetros de comprimento, continha os intestinos embalsamados de Tutancâmon.

SEGURO PARA A ETERNIDADE

Para proteger os mortos em sua viagem para a outra vida, os embalsamadores colocavam uma variedade de pequenos fetiches mágicos, conhecidos como amuletos, dentro das envolturas da múmia. Cada um das centenas de amuletos utilizados tinha um significado ou propósito especial. O escaravelho sagrado do coração (*direita*) era uma peça essencial que simbolizava a ressurreição e era posto sobre ou dentro do peito. Modelado como um escaravelho sagrado — um animal que parecia regenerar-se espontaneamente de seus próprios excrementos — trazia uma inscrição que amparava seus portadores quando os deuses do submundo determinavam seus destinos. O pilar-*djed* (*esquerda*), que podia representar a espinha dorsal de Osíris, conferia estabilidade e firmeza; o coxim, *weres* (*direita*), modelado como uma almofada egípcia, significava que a cabeça do falecido seria elevada para sempre. O mais poderoso de todos os amuletos era o Olho de Hórus ou *wedjet* (*abaixo*), garantidor de saúde. A imagem representava o olho devolvido a Hórus depois que o perdeu vingando o assassinato de seu pai, Osíris.

PILAR-DJED

APOIO DE CABEÇA

OLHO DE HÓRUS

Enquanto a maior parte do mundo externo via fascinado, dentro da tumba Carter e sua equipe apressadamente reunida. Foram necessárias várias semanas apenas para esvaziar a antecâmara, e cada dia trazia consigo uma crescente sensação de urgência. A retirada da porta coberta de gesso que dava acesso à antecâmara causou a ruptura do selo hermético da tumba, destruindo, após milhares de anos, o estável ambiente estéril do interior. James Henry Breasted, um egiptólogo norte-americano trazido por Carter, informou ter ouvido "estranhos sons sussurrantes, murmurantes e ciciantes" à medida que os objetos começavam a deteriorar-se num ritmo enormemente acelerado.

ESCARAVELHO SAGRADO DO CORAÇÃO

Gradualmente, os especialistas foram aproximando-se do que Carter chamou de "o momento decisivo" da campanha, a abertura oficial da câmara mortuária. Em 17 de fevereiro de 1923, Carter e lorde Carnarvon reuniram um pequeno grupo de eruditos e autoridades egípcias para a grande abertura. Lorde Carnarvon, segundo as memórias de seu irmão, estava tão ansioso quanto um "aluno levado", temeroso de que alguém dentre as autoridades egípcias achasse alguma prova de sua entrada extra-oficial.

Após um curto discurso — mau e nervosamente pronunciado, na opinião do irmão de Carnarvon —, Carter retirou os obstáculos que bloqueavam a entrada para a câmara funerária. Quando seus convidados tiveram acesso ao interior, detiveram-se em respeitoso silêncio diante do que parecia uma parede de ouro, o lado brilhante do enorme féretro, cuja forma lembrava um pouco um mausoléu moderno. Após arrebentar os ferrolhos, Carter abriu a porta para revelar outro resplandecente relicário.

Mas havia trabalhos críticos a serem feitos em outros lugares da tumba, e Carter adiou seu exame da câmara funerária até que fosse possível esvaziar por completo a antecâmara e foram atendidos os objetos que necessitavam de conservação imediata. Enquanto isso, em 6 de abril de 1923, lorde Carnarvon morreu após uma breve doença, vítima, proclamaram alguns, não de uma pneumonia, mas da suposta maldição da múmia (*pág. 125*).

Transcorreria quase um ano antes que Carter pudesse abrir os três féretros restantes. Extraordinárias peças de manufatura, eles estavam alojados um dentro do outro e elaborados com painéis de madeira dourados decorados com cenas do outro mundo. Entalhadas nas portas fechadas do féretro mais interno havia duas deusas com as asas estendidas, parecendo proteger o corpo do rei. Cortando um conjunto de cordas que prendiam as alças, Carter abriu as portas e revelou um colossal sarcófago de quartzito

que, como se apressou a assinalar aliviado, estava "intacto, com sua tampa ainda firmemente fixada em seu lugar, exatamente como a tinham deixado algumas mãos piedosas".

"Tudo o que temos que fazer é descascar os féretros como se fossem uma cebola — declarou Carter —, e estaremos diante do rei em pessoa." Na verdade, a tarefa revelou-se consideravelmente mais complicada. O mais externo daqueles relicários quase enchia a câmara funerária, dificultando muito o trabalho para os escavadores. E os apertados espaços entre os féretros estavam abarrotados com mais artefatos ainda, como varas de madeira, leques de avestruz e urnas de alabastro, inclusive uma com um leão artisticamente entalhado na parte superior, mostrando uma brilhante língua vermelha.

Foi preciso transcorrer mais um ano antes que Carter e seus ajudantes pudessem desmontar os pesados féretros e criar um espaço adequado no qual pudessem examinar o sarcófago. Quando conseguiram isso, encontraram novas surpresas. A tampa do sarcófago, que pesava mais de uma tonelada, ao que parece foi deixada cair pelos antigos operários, e isto tinha causado uma rachadura que avançava de viés pelo centro. A fissura implicava um sério problema para os arqueólogos. Se a tampa quebrada desabasse sobre seu conteúdo, a múmia seria destruída. Após um considerável debate, os engenheiros de Carter improvisaram um engenhoso jogo de roldanas para levantar com segurança a pesada cobertura.

Quando a tampa foi liberada, revelou um grande caixão de múmia de madeira dourada com a forma do faraó morto. As mãos estavam cruzadas sobre o peito, segurando os emblemas da realeza egípcia, um látego e um cetro. O rosto, um notável retrato, foi modelado em ouro puro, com olhos de cristal. O espetacular ataúde, no entanto, foi ao que parece grande demais para ser encaixado dentro do sarcófago. Foi preciso limar os dedos dos pés, deixando um punhado de aparas de madeira no fundo do ataúde.

Encaixado perfeitamente dentro do primeiro ataúde havia um segundo, ainda mais notável, elaborado com madeira dourada marchetado com cristais vermelhos, azuis e turquesa. Era, segundo Carter, "o mais esplêndido exemplo da antiga arte de fabricação de ataúdes jamais visto". A tampa da segunda caixa, por sua vez, levantava-se para revelar o terceiro e último ataúde, parcialmente enegrecido por uma fina gaze de sudários de linho e por buquês funerários depositados pelos antigos parentes, com as folhas e pétalas com séculos de idade conservando o mesmo aspecto que as flores secas do último verão. Quando Carter dobrou cuidadosamente o tecido delicado, uma surpreendente visão surgiu diante dele. O ataúde mais interno estava encaixado numa grossa camada de folheado de ouro, uma "absolutamente incrível massa de ouro puro".

A adaga com folha de ouro acima, um soberbo exemplo da arte da ourivesaria, foi encontrada embainhada numa faixa em volta da cintura de Tutancâmon. O cabo granulado está enfeitado com cristais e pedras semipreciosas.

Finalmente, Carter estava pronto para examinar os despojos do rei. A tampa do ataúde dourado foi lentamente erguida, revelando a múmia de Tutancâmon, envolta em bandagens de linho e presa por um peitoral de ouro. Com um brilho resplandecente contra o pálido fundo de tecido havia uma máscara em tamanho natural do rei, elaborada por antigos ourives a partir de várias lâminas de ouro. A máscara polida era marchetada com cristal azul, quartzo e obsidiana, e seu queixo era adornado com uma barba cerimonial. Em sua testa assentavam-se o abutre e a cobra, representações das divindades Nekhbet e Wadjit, esta última preparada para cuspir fogo sobre os inimigos do faraó.

Treze camadas de envolturas rodeavam o corpo do rei. Meticulosamente, Carter começou a cortar o linho com um bisturi. Junto ao quadril, no lado direito, tinham colocado um punhal. Quando foi retirado de sua bainha de ouro descobriu-se que era, surpreendentemente, de ferro, feito possivelmente a partir de um meteorito. Sua lâmina, ainda reluzente como aço polido, era um raro e útil prêmio para aquele monarca de antes da Idade do Ferro. Um peitoral de ouro pendia em volta da garganta do rei, representando a proteção do deus Hórus. Não menos de 143 peças de jóias-amuletos estavam postas entre as pregas dos tecidos para assegurar a transição tranqüila do faraó da morte para a imortalidade.

Apesar destes preparativos cuidadosos, o tempo tinha cobrado um tributo terrível ao corpo do rei. A múmia foi prodigamente untada com resinas preparadas para preservar a carne. Em vez disto, os líquidos tinham oxidado o corpo, queimando-o através de um processo de autocombustão que deixou o faraó negro e enrugado, praticamente cimentando-o no interior do ataúde. Foi preciso usar facas aquecidas para desprender o corpo — que teve de ser cortado em pedaços — do ataúde. Douglas E. Derry, professor de anatomia da Universidade Egípcia do Cairo, que auxiliava Carter, separou primeiro as pernas e a pélvis do torso. Depois foram cortados os braços para retirar os braceletes que os decoravam. Finalmente foi separada a cabeça a fim de retirá-la, com a ajuda de facas aquecidas, da máscara de ouro a qual tinha aderido. Finalmente, Carter pôde contemplar o rosto do rei-menino. Embora a pele fosse quebradiça, rachada e seca até adquirir um tom branco acinzentado, Carter ficou impressionado diante das "feições bem formadas".

A lâmpada de calcita da esquerda, que aqui é mostrada apagada e acesa, acompanhou Tutancâmon à tumba. Um pavio que flutuava sobre óleo tornava visível uma cena que mostrava o rei e sua esposa. Quando foi descoberta, a taça da lâmpada ainda tinha restos de óleo.

Era fevereiro de 1932 — quase uma década depois de aquele degrau de pedra que conduzia à tumba ter sido visto pela primeira vez — antes de Carter apresentar o último dos mais de 5.000 objetos preciosos do faraó ao Museu do Cairo. Embora os despojos e pertences de Tutancâmon tivessem chegado intactos à era moderna, a informação sobre a vida e os feitos do jovem faraó era escassa. Sua tumba não tinha proporcionado nem inscrições significativas nem qualquer documento sobre seu ocupante. Como resultado disto, ainda se discutem os antepassados de Tutancâmon, embora os historiadores acreditem que subiu ao trono por volta de 1333 a.C., com cerca de nove anos de idade, seguindo de perto o reinado do rei herege Aquenaton.

Uma estela encontrada em Karnak mostra um catálogo dos triunfos de Tutancâmon na ocasião de consertar os malefícios causados por Aquenaton com a sua imposição de uma nova religião de Estado: "Encontrei os templos caídos em ruínas, com seus lugares santos derrubados e seus pátios cheios de ervas daninhas. Reconstruí seus altares, equipei de novo os templos, e dei-lhes todo tipo de coisas preciosas como presente. Criei estátuas dos deuses em ouro e eletro, decorei-as com lápis-lazúli e pedras finas".

No entanto, Tutancâmon era apenas um menino quando subiu ao trono. Com certeza suas ações foram controladas por conselheiros, em particular o poderoso Ai, que possivelmente era o pai de Nefertiti, e o general Horemheb: os dois acabariam eles próprios subindo ao trono. Certo número de objetos da tumba mostra um belicoso Tutancâmon em batalha, dominando seus inimigos, mas é possível que estas representações fossem mais simbólicas que reais. Uma inscrição na tumba de Horemheb em Mênfis, no entanto, reitera a imagem do jovem faraó em guerra. Mostra Horemheb "acompanhando seu senhor no campo de batalha no dia em que venceu os asiáticos".

A morte prematura do jovem rei criou uma breve, porém notável, luta pelo poder em Tebas. Ele e sua rainha Ankhesenamon não puderam gerar um herdeiro, apesar da melancólica evidência de suas tentativas: dois diminutos fetos mumificados, enterrados com o faraó. Pouco depois da morte de seu marido, sua jovem viúva, consciente dos inimigos a sua volta, suplicou a Suppiluliumas, o rei dos hititas,

BLOCOS DE ANOTAÇÕES DE PEDRA ABANDONADA

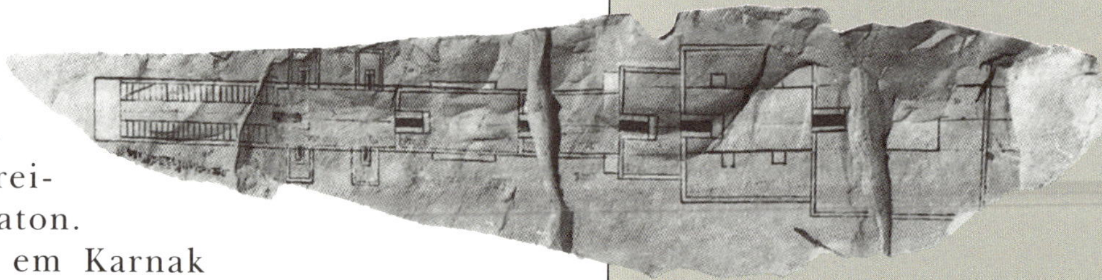

Os artistas e operários de Deir el Medina, utilizando um subproduto de seu ofício, muitas vezes desenhavam ou escreviam nas lascas de pedra calcária, ou óstracos, do tamanho de uma mão, que se acumulavam à medida que os pedreiros cinzelavam as tumbas da rocha. Nas lisas superfícies brancas dos fragmentos escreviam cartas, faziam contas e tomavam notas, desenhavam seus projetos ou faziam caricaturas para divertir seus colegas, o que em conjunto proporcionou um vislumbre das vidas e do humor dos talentosos habitantes do povoado.

O esboço de cima é um esquema da tumba de Ramsés IX. Os desenhos abaixo mostram dois rapazes envernizando uma jarra, um gato pastoreando gansos, e uma caricatura de um pedreiro. A cabeça redonda, o nariz de batata, a boca aberta, as grandes orelhas e o rosto sem barbear produzem a imagem caricaturesca de um simplório.

As ruínas de Deir el Medina, o povoado amuralhado dos construtores de tumbas e artesãos auxiliares do Vale dos Reis, inclui numerosas casas, cujos nomes dos proprietários são conhecidos pela história. Um habitante utilizava a vassoura e o tamborete de cima para retirar o pó da porção inferior das paredes da tumba de pedra calcária antes que suas superfícies fossem pintadas.

que lhe enviasse um de seus filhos para casar-se com ela e compartilhar o trono de Egito. "Se me dás um de teus filhos — escreveu ela a Suppiluliumas —, ele será meu esposo. Nunca casarei com um de meus vassalos e o tornarei meu esposo. Tenho medo!"

Após negociações secretas foi enviado um príncipe hitita. Mas o noivo em perspectiva desapareceu antes de chegar ao Egito, possivelmente vítima de assassinos. Fossem quais fossem seus receios, acredita-se que a rainha finalmente cedeu à necessidade e aceitou seu ambicioso avô, Ai, cerca de 40 anos mais velho que ela, como marido.

O mistério aprofundou-se ainda mais quando os restos de Tutancâmon foram reexaminados por médicos britânicos em 1968. Originalmente se acreditava que o faraó morreu de tuberculose, mas o exame do crânio por raios X sugere uma lesão craniana causada por um golpe penetrante na cabeça. A nova evidência indica um possível acidente de carruagem ou até mesmo assassinato, talvez instigado por um envelhecido Ai, impaciente para subir ao trono.

Durante seus quatro anos de reinado, Ai erradicou as inscrições que louvavam Tutancâmon e substituiu-as por outras que glorificavam a ele mesmo, e ao cabo de algumas poucas gerações o nome do rei-menino era rotineiramente omitido das listas oficiais dos governantes do Egito, como tinha ocorrido com Aquenaton. Mas, por uma irônica virada da história, é Tutancâmon e não Ai que alcançou a celebridade em todo o mundo. A tumba do jovem faraó pode ser pequena, mas ele e sua família tinham a seu comando todas as riquezas do mais ilustre período da história egípcia. Em conseqüência, os especialistas não acreditam que as tumbas maiores de antes ou depois estivessem necessariamente cheias com uma variedade maior de artigos ou com artefatos mais ricos que os encontrados nas câmaras de Tutancâmon. Um cuidadoso estudo destes objetos pode oferecer novos indícios sobre a vida egípcia, mas a maioria deles nunca foi submetida a um sério exame erudito.

Artefatos e relíquias podem ter muito a dizer, mas não podem substituir inteiramente a palavra escrita. Ironicamente, os historiadores sabem mais sobre os homens que escavaram as câmaras funerárias de reis como Tutancâmon que sobre muitos dos homens que nelas receberam o descanso eterno. Num estranho paradoxo arqueológico, os residentes do pequeno povoado de Deir el Medina são os que deixaram o registro mais rico.

Deir el Medina foi fundado durante o reinado de Tutmés I. Após decidir ocultar seu local definitivo de descanso no Vale dos Reis, o faraó necessitava criar um povoado de trabalhadores para que construíssem sua tumba. Para preservar o segredo das tumbas, a cidade em si tinha de estar isolada, como um mundo completo em si mesmo. O rei conseguiu isto construindo o povoado num vale bem escondido e cercando-o com um muro de tijolos, estabelecendo assim sua própria colônia particular de artesãos das tumbas reais. Os operários viveram dentro dessa aldeia encerrada em si mesma, geração após geração, transmitindo suas habilidades de pais para filhos ao mesmo tempo que trabalhavam para criar monumentos dignos de cada faraó reinante.

Em suas escavações em meio das ruínas do povoado, os arqueólogos recuperaram milhares de lascas de pedra calcária e fragmentos de cerâmica conhecidos como óstracos, sobre os quais os residentes de Deir el Medina escreviam, desenhavam e rabiscavam mensagens. A maior parte dos óstracos procede de um único poço escavado entre 1948 e 1950 pelo arqueólogo francês Bernard Bruyère. Estes fragmentos, que foram usados como superfície para anotações pelos egípcios, eram cartas, recibos, registros de trabalho, petições judiciais, listas de lavanderia, até mesmo invocações mágicas para curar doenças. Baseando-se nas informações obtidas dos óstracos, os pesquisadores modernos construíram um retrato, com detalhes surpreendentemente íntimos, de como vivia este grupo singular de egípcios.

ESTILO DE VIDA DE UM CASAL ABASTADO

Quase todas as tumbas do antigo Egito foram saqueadas, mas uma delas foi de algum modo poupada, e isso foi uma grande sorte. Ofereceu um extraordinário inventário de objetos — inclusive um vaso sanitário — que mostra como viviam os abastados há 3.500 anos.

A tumba, pertencente a um homem chamado Kha e a sua esposa Merit, foi descoberta em 1906 pelo arqueólogo italiano Ernesto Schiaparelli.

Kha foi um homem que conquistou sua posição por si mesmo e que conseguiu ganhar a estima do rei Tutmés III ao ponto de tornar-se o superintendente de obras públicas de Deir el Medina.

O exame por raios X de sua múmia mostra um colar de ouro trançado, um presente do rei. Mas embora Kha tivesse uma idade avançada quando morreu, na efígie em sua tumba ele é apresentado como um homem jovem (*direita*) ornamentado com grinaldas de flores murchas. Como esta coroa, os demais objetos da tumba encontravam-se num excelente estado de conservação.

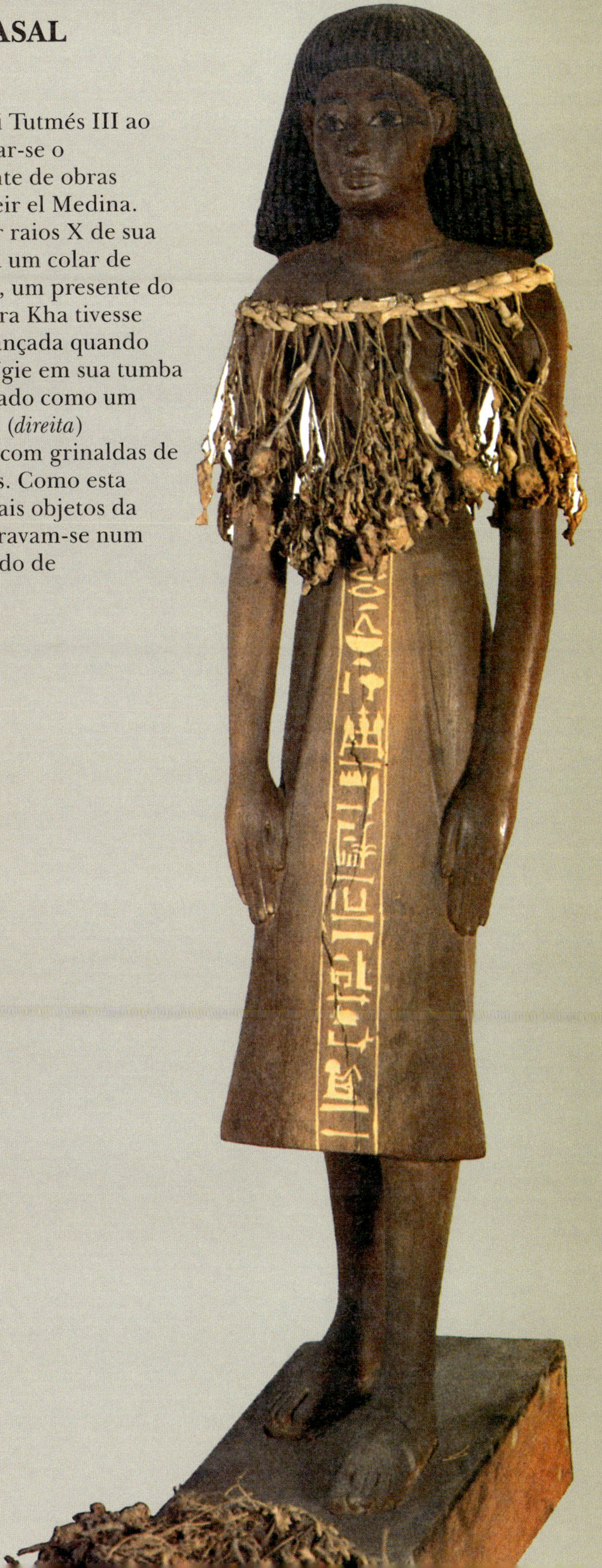

FERRAMENTAS DO OFÍCIO DE CONSTRUTOR

CAIXA DE BALANÇA

Encarregado da construção na região de Tebas durante o reinado de Tutmés III, Kha continuou no posto no reinado de Amenhotep II. Assim, pois, as ferramentas eram algo importante para ele. Entre aquelas enterradas com seu corpo havia uma caixa de madeira (*acima*) que outrora tinha guardado uma balança de bronze que consistia numa vareta na qual podia ser suspensa uma série de pratos. Os pratos eram guardados na seção circular, a vareta na porção retangular.

A tumba continha também uma enxó para aplainar tábuas e uma broca, que era girada pelo movimento de um laço cuja corda era enrolada em volta do cabo da broca. Talvez as ferramentas mais importantes do ofício de Kha fossem sua tabuinha de madeira e sua palheta de tinta para fazer cálculos e escrever anotações. Revestida com cera, a tabuinha podia ser limpa e reutilizada. Mas certamente o instrumento mais apreciado por Kha deve ter sido sua medida dourada de um côvado, uma régua de aproximadamente 50 centímetros de comprimento com a qual foi recompensado por Amenhotep II por sua rápida conclusão de um edifício.

ENXÓ

MEDIDA DE UM CÔVADO

BROCA

OS ADEREÇOS DA ELEGÂNCIA

Como a maioria dos egípcios, Kha e Merit orgulhavam-se de seu asseio e de sua indumentária. Cada uma das 17 túnicas, 50 tangas e 26 camisas de Kha ostentavam seu monograma. Sua túnica de linho de inverno tinha faixas bordadas. Como indício adicional de seu gosto exigente, Kha usava uma navalha de bronze e algumas pinças com forma de cavalo (*ponta direita*) para eliminar o pelo facial e corporal não desejado, como era costume no Egito.

A peruca de Merit, pendurada ainda em seu cabide, era feita de cabelo humano, que devia prender com agulhas e um pente. Em sua caixa de cosméticos de madeira guardava recipientes de cristal e alabastro cheios com óleos e cremes aromatizados, e *kohl*, uma pintura para olhos usada também na medicina ocular. Além de acentuar os olhos de Merit, a pasta negra devia protegê-los do clarão do sol.

TABUINHA E PALETA

ACESSÓRIOS PARA O CABELO
PERUCA
TÚNICA
NAVALHA
PINÇAS
CAIXA DE COSMÉTICOS

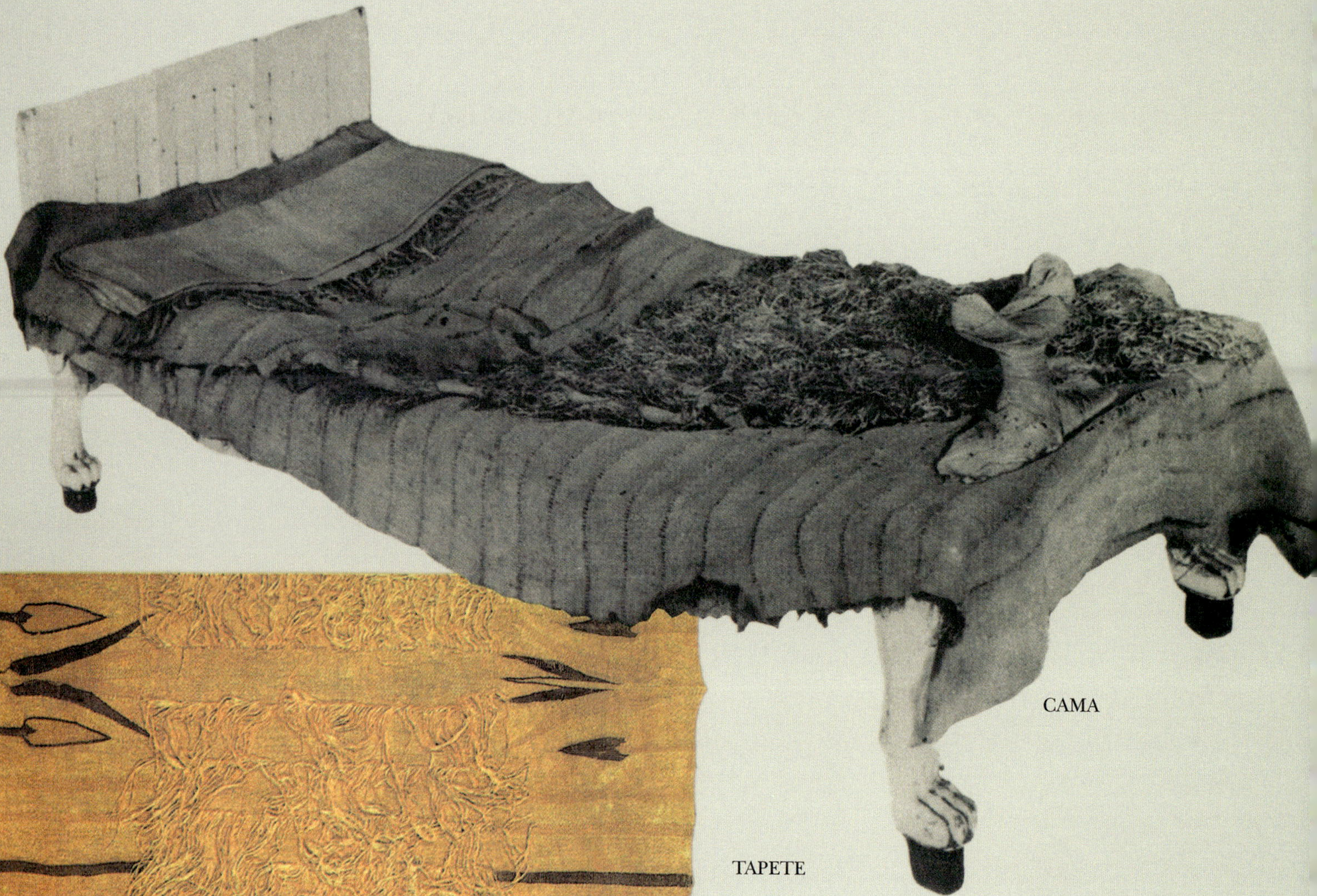

CAMA

TAPETE

LATRINA

DELÍCIAS E CONFORTOS DE UM LAR BEM MOBILIADO

O mobiliário de Kha e Merit sugere que o lar do casal era realmente acolhedor. Ao final do dia podiam relaxar descalços diante de um jogo de senet (*direita*) colocado sobre uma mesa de vime. É possível que descansassem seus pés sobre a tapeçaria com desenhos de lótus com o centro enfeitado com plumas e bordas enfeitadas e amarradas em nós (*ponta esquerda*). A cama oferecia calor contra a fria noite do deserto com mantas de pêlo trançado como a exposta aqui (*esquerda*) numa das fotografias de Schiaparelli; debaixo delas, camadas de peças de linho descansavam sobre um entrelaçado de cordas esticado cuidadosamente na moldura da cama. Visto que no antigo Egito os pés da cama quase sempre se inclinavam para baixo, era preciso colocar ali uma prancha. E se durante a noite Kha ou Merit tinham que responder às necessidades fisiológicas, um tamborete, transformado em vaso sanitário (*abaixo à esquerda*), estava sempre à mão. Uma bandeja de areia posta embaixo era esvaziada pelos criados na manhã seguinte.

JOGO E MESA

Hoje em dia os visitantes podem contemplar as ruínas de Deir el Medina e imaginar a florescente aldeia que outrora prosperou ali, inspecionar as ruínas onde, há aproximadamente 30 séculos, erguia-se a morada de um caldeireiro ou de um pedreiro em particular.

Ao contrário da crença popular, os artesãos das tumbas reais não eram trabalhadores escravos e sim artesãos altamente qualificados. Viviam com suas famílias em casas de tijolos de barro com tetos planos feitos com vigas de madeira e cânhamo. Até 70 casas enfileiravam-se ao longo de estreitas ruas que mais pareciam becos. Muitas residências eram grandes, em alguns casos com 15 crianças abrigadas nelas, e animais de estimação como gatos, símios, babuínos e gazelas. O governo proporcionava lavadeiras para cuidar das roupas dos habitantes, e empregadas domésticas para moer os cereais.

Ferramentas do ofício da tumba de um pintor: o pincel de corda era usado para cobrir grandes áreas de parede, e a bandeja de basalto para guardar os pigmentos ainda não moídos. Os desenhistas traçavam seus esboços em vermelho; os supervisores corrigiam os desenhos em negro. Depois os artistas começavam o trabalho, preenchendo os brancos com amarelo, verde, vermelho, azul, negro ou branco puros.

As esposas dos trabalhadores cuidavam de seus muitos filhos, assavam o pão e fabricavam seus tecidos. Sob a lei egípcia, estas antigas mulheres tinham direitos de propriedade mais avançados que os das esposas dos arqueólogos norte-americanos e britânicos que as estudavam. Conservavam o título de suas próprias riquezas e até um terço dos bens adquiridos no casamento. Esta parte passava totalmente à esposa em caso de divórcio ou da morte do marido; se ela morria antes dele, não ia para o marido, mas para os herdeiros dela.

Servindo como intermediários entre as autoridades do faraó e os habitantes do povoado havia dois capatazes e um escriba, reconhecidos como os líderes da cidade. Junto com seus ajudantes e outros notáveis da cidade formavam uma corte, que se ocupava de julgar os casos civis e criminais. Os acalorados julgamentos eram promovidos pelo povo da cidade, e cada um conduzia seu próprio caso.

Quando abandonavam suas casas do povoado, os artesãos cruzavam a única porta na muralha e dirigiam-se para um período prescrito de trabalho no local da última tumba. Ali viviam em pequenas cabanas de pedra durante oito dias, após os quais tinham dois dias livres em suas casas. Quando cada trabalhador se apresentava à tumba, sua chegada era anotada pelo escriba numa lista de presença, como o cartão de ponto de uma fábrica moderna. Ocasionalmente um artesão podia faltar ao trabalho, e na época, como agora, as desculpas po-

UMA MÚMIA MISTERIOSA NUMA TUMBA MISTERIOSA

A arqueologia no Vale dos Reis tomou um novo rumo: o reexame de sítios arqueológicos desenterrados havia anos. Entre aqueles que trabalharam ali se encontrava Donald P. Ryan, um norte-americano que em 1989 redescobriu a tumba KV60. (Todas as tumbas estão numeradas; KV significa "King's Valley", o Vale dos Reis.) KV60 foi aberta em 1903 por Howard Carter, que encontrou duas múmias femininas, apenas uma das quais estava num ataúde.

Ao que parece considerou a descoberta pouco interessante, voltou a fechar a tumba, e não deixou nenhum mapa de sua localização exata. Em 1906, outro arqueólogo a reencontrou e mandou que a múmia no ataúde fosse enviada ao Museu do Cairo, onde o corpo foi identificado como a ama-de-leite da rainha Hatshepsut, a famosa mulher faraó, cujos próprios despojos jamais foram encontrados.

Quando Ryan reabriu a KV60, encontrou estendida no chão a múmia abandonada, uma mulher velha cuja carne dobrada e enrugada sugeria que foi obesa em vida e cujas unhas estavam pintadas de vermelho e com bordas negras. Seu braço esquerdo, com o punho fechado, estava posto cruzando o peito, uma posição que se considerava como reservada à realeza feminina da XVIII Dinastia. Ryan também encontrou um fragmento da face de madeira da tampa de um ataúde, com um queixo fendido ao qual talvez estivesse unida uma falsa barba, um emblema masculino.

Quem é a misteriosa mulher da realeza, e por que não se encontrava num ataúde? Por que era possível que houvesse um ataúde masculino numa tumba para duas mulheres? Ryan foi incapaz de proporcionar respostas, mas espera que em algum momento novas descobertas no Vale eliminem o mistério.

diam ser bastante criativas. "Problemas nos olhos" e "fabricar cerveja" eram alegações populares. Um artesão, Hechnekhu, talvez após ter esgotado pretextos mais tradicionais, proporcionou uma memorável razão para sua ausência: Não tinha podido comparecer ao trabalho porque estava ocupado embalsamando a mãe.

Trabalhando dois turnos de quatro horas por dia, os pedreiros cortavam a rocha com cinzéis de pedra, cobre ou bronze que batiam com pesadas marretas de madeira. Eram seguidos por uma equipe de estucadores, que revestiam as paredes com uma camada de gesso e as caiavam para deixá-las tão lisas quanto possível. As paredes revestidas eram entregues depois aos desenhistas, que esboçavam cuidadosamente textos e desenhos, que os escultores, usando cinzéis de bronze, esculpiam então meticulosamente em relevos. Os relevos eram pintados com pigmentos feitos de minerais como o carvão, o ocre, o óxido de ferro, a azurita e a malaquita.

A luz do dia não entrava nas câmaras interiores das abóbadas, de modo que as equipes desenvolveram um método efetivo de iluminação artificial. Peças de linho, tratadas com óleo ou gordura, eram torcidas para formar pavios, que ardiam com uma luz brilhante. O sal era aplicado nos pavios para reduzir o excesso de fumaça que poderia danificar os relevos. A maioria dos trabalhadores parecia ser muito consciente, e eram pagos por seus esforços com rações de trigo e de cevada, que eram usadas para fazer pão e cerveja (a cerveja era mais provavelmente um líquido aguado que a bebida espumante de hoje). Com muita freqüência os trabalhadores recebiam uma gratificação, que podia consistir em óleo de gergelim, blocos de sal ou — o mais apreciado de tudo — carne, normalmente de boi. Apesar da estrutura ordenada das forças de trabalho, nem tudo andava bem em Deir el Medina. A entrega de comida e provisões era às vezes irregular, o que motivava reclamações amargas ao vizir, o funcionário administrador-chefe do faraó, que aparecia muitas vezes para inspecionar os trabalhos. Artesãos desgostosos queixavam-se com freqüência do pagamento e das condições. "Para ti sou como a mula — queixava-se um desenhista a seu chefe. Se tem trabalho, trazes a mula. Se tem alguma cerveja não me procuras, mas se tem trabalho vem sim me procurar. Sou um homem que não tem cerveja em casa. Tento encher meu estômago escrevendo-te."

Um capataz chamado Paneb desenvolveu durante o reinado de Ramsés II uma antipatia particular contra seu vizir. Segundo todos os indícios, Paneb era um tanto negligente; quando não estava brigando com seus companheiros de trabalho estava perseguindo suas esposas. E tinha enfrentado uma acusação não desconhecida no mundo moderno: usava a equipe e os empregados do governo para seus próprios trabalhos particulares. Paneb era também agressivo quando reclamava seus direitos. Quando suas queixas não tiveram nenhuma resposta do vizir, deu o passo notável de queixar-se diretamente ao próprio faraó. Evidentemente Paneb encontrou o rei bastante receptivo, pois o vizir foi afastado de suas funções.

Nem todos os faraós eram tão receptivos quanto Ramsés II. Em 14 de novembro de 1165 a.C., durante o reinado de Ramsés III, os trabalhadores de Deir el Medina exasperaram-se de tal modo diante dos atrasos nas provisões que largaram suas ferramentas e abandonaram o trabalho. Reunidos, iniciaram o que pode ter sido a primeira greve da história. Os líderes do povoado tentaram argumentar com eles, mas confrontaram-se, segundo o escriba Amennakht, com "grandes blasfêmias".

"É devido à fome e à sede que viemos aqui — declarou um dos grevistas. Não há roupas, nem banha, nem peixe, nem verduras. Diz tudo isto ao faraó nosso bom senhor, e diz também ao vizir, nosso chefe, para que possa prover o que demandamos." Assim que as queixas dos trabalhadores foram transmitidas às autoridades, eles receberam as rações atrasadas. Na manhã seguinte os homens voltaram ao trabalho.

Os artesãos de Deir el Medina despenderam, em seus escritos e em suas realizações, uma enorme vitalidade que parece contrastar com sua obsessão com a morte e com a outra vida. No entanto, é possível que isto não seja tão paradoxal quanto parece, porque a poderosa afirmação religiosa do que alguém *pode* levar consigo significa para os egípcios que os triunfos nesta vida não serão anulados pela mortalidade; em poucas palavras, suas crenças tornavam significativa a vida e suas conquistas.

ENCONTRO PREDESTINADO COM OS DEUSES DOS MORTOS

Os egípcios acreditavam que uma gloriosa vida além-túmulo aguardava aqueles que realmente a merecessem. Imaginavam um comitê divino que julgaria as almas antes de permitir que entrassem no Duat, a terra dos mortos justos. Anúbis, protetor das múmias, colocava o coração dos mortos sobre balanças e os pesava contrabalançados por uma pluma tirada do toucado de Maat, deusa da ordem. Tot, o sábio e honesto escriba dos deuses, registrava o bem e o mal guardados em cada coração. Aqueles cujo coração ficava perfeitamente equilibrado com a pluma ganhavam a vida eterna; os rejeitados eram devorados por Ammit, monstro dos mortos.

Uma vez admitidos no além-túmulo, os recém-chegados podiam esperar a proteção de várias deidades. A principal entre elas era Osíris que, segundo o mito, tinha reinado como um dos primeiros reis do Egito antes de ser despedaçado por seu invejoso irmão, Set. Depois que a dedicada Isis, esposa e irmã de Osíris, recompôs seu corpo, foi ressuscitado como governador supremo do Duat. Acreditava-se que os faraós — que em vida eram a encarnação de Hórus, o filho de Osíris — convertiam-se em Osíris após a morte, um privilégio que, à medida que o Egito tornava-se mais democrático no Império Médio, foi recaindo em qualquer um que tivesse uma vida honesta.

Nesta pintura mural da tumba de Tutmés IV, o faraó morto reúne-se com Osíris (*ponta esquerda*), depois se dirige a Anúbis, o de cabeça de chacal, e a Hátor, cada um dos quais lhe apresenta um *ankh*, o símbolo da vida. Hátor, que conduz os mortos ao longo dos perigosos caminhos até a terra dos mortos, é vista aqui duas vezes, trazendo seu tradicional toucado de chifres de vaca que encaixa o sol.

O espetáculo de um funeral adequadamente conduzido, em especial quando era realizado com a pompa adequada à realeza, devia ser uma espécie de recompensa especial para os trabalhadores de Deir el Medina depois de dedicarem tantos anos de suas vidas a escavar e decorar uma tumba. Poucos funerais devem ter sido mais emocionantes que o do grande faraó Ramsés II, que morreu por volta de 1224 a.C., após reinar durante quase 67 anos. Suas admiráveis realizações sugerem a que alturas Tutancâmon poderia ter chegado se tivesse vivido mais tempo. Ramsés levou seu império a um período de renovada prosperidade e paz. Era um guerreiro feroz, que lançou reiteradas campanhas contra os inimigos do Egito com seus altamente treinados exércitos de aurigas, arqueiros e soldados de infantaria. Ao longo de toda sua vida foi pai de pelo menos 90 filhos, dos quais sobreviveram, entre outros, 12 homens. Foi um incansável construtor de monumentos, que deixou mais tributos a si mesmo que qualquer outro faraó. Alguns deles, no entanto, foram créditos roubados, adquiridos erradicando a identidade de construtores de monumentos já erguidos para substituí-la a cinzel por seu próprio nome.

Após um reinado tão extenso, quase duas vezes mais longo que a maioria das vidas dos egípcios, a morte de Ramsés deve ter exigido a escrupulosa observação dos rituais funerários para garantir a rápida transição dos mortos a seu lugar entre os deuses. As imagens da tumba do grande faraó, explorada em 1913 pelo arqueólogo e fotógrafo Harry Burton, mas hoje fechada ao público, mostram que se tratava de um luxuoso palácio subterrâneo, comparado com a pequena tumba de Tutancâmon. Apenas o corredor de entrada desce até mais de 45 metros por baixo da superfície do Vale, e a câmara funerária tem cerca de 185 metros quadrados de espaço e um teto arqueado de mais de 7 metros de altura.

Embora não existam registros escritos do funeral de Ramsés, os estudiosos podem reconstruir como deve ter sido a cerimônia a partir das elaboradas representações dos ritos entalhadas nas paredes das câmaras funerárias do rei e incluídas no Livro dos Mortos, uma coleção de orações e rituais funerários exibida em muitas tumbas reais. Como continuação do ritual tradicional de 70 dias do embalsamamento na nova capital de Pi-Ramsés do faraó, a 600 quilômetros ao norte do Vale no delta do Nilo, o corpo mumificado de Ramsés deve ter sido posto a bordo na nau capitânia de uma pequena frota que o levou Nilo acima até Tebas, o antigo centro religioso. O sucessor de Ramsés, Merenptah, deve ter seguido na embarcação real, enquanto o povo se alinhava às margens do rio para contemplar a procissão e lamentar a morte do rei. Demandava-se que Merenptah tivesse um papel ativo no funeral, visto que os egípcios acreditavam que apenas acompanhando os rituais funerários até seu último termo o suposto sucessor estabelecia sua legitimidade como herdeiro.

Ao desembarcar em Tebas, a múmia era colocada sobre uma plataforma puxada por bois para a procissão até a tumba. Conduzida por sacerdotes com a cabeça raspada que cantavam e enchiam o ar de incenso, a caravana fúnebre serpenteava pelo caminho até o Vale, enquanto seus séquitos inchavam com carpideiras profissionais e criados que levavam pertences do rei. Duas mulheres, que representavam Isis e Neftis, as principais deusas lastimosas dos antigos funerais egípcios, seguiam a procissão. À entrada da tumba, o féretro real era recebido por dançarinos rituais, e por um sacerdote que lia as orações mortuárias de um rolo de papiro. Depois era realizada a cerimônia mais importante de todo o processo, o rito simbólico de Abertura da Boca, supervisionado pelo próprio Merenptah. A finalidade do ritual era conceder à múmia os poderes da fala, da visão e da audição, dando-lhes de novo a vida para sua existência no além. O corpo, em seu ataúde humanóide, era colocado de pé diante da entrada da tumba por um sacerdote que vestia uma máscara do deus com cabeça de chacal, Anúbis. Outros dois sacerdotes tocavam cerimonialmente a boca da múmia com um conjunto de objetos mágicos e fetichistas como o *ankh*, o antigo símbolo da vida.

Completado este ritual, o falecido faraó recebia oferendas de roupas, incenso e comida. Os parentes, por sua vez, compartilhavam um banquete funerário. Ao final das festividades, a múmia era posta na tumba e instalada na câmara funerária. As marcas deixadas pelos pés do grupo funerário no chão eram varridas. Depois a porta da tumba era bloqueada com alvenaria, lacrada, e coberta com escombros, presumivelmente fechada para sempre.

Para sempre, no entanto, no caso da tumba de Ramsés, era uma palavra vazia. Hoje a tumba se encontra num impressionante estado de ruína, com as paredes de pedra calcária mo-

lhadas e rachadas e toneladas de escória arrastadas pelas inundações fecham suas antigas passagens. A cada ano que passa, à medida que a umidade vai inchando a camada de xisto abaixo, a tumba de Ramsés II aproxima-se um pouco mais da destruição completa.

O Vale dos Reis continua sendo um quebra-cabeça inacabado. Um faraó aqui, uma rainha, príncipe ou sumo sacerdote ali, foram descobertos. E a possibilidade de um achado importante — talvez um que rivalize com o de Carter — não está mais distante que a próxima tumba não explorada. Em algum lugar do Vale encontra-se, provavelmente, pelo menos a tumba de um faraó que nunca foi localizada, a de Ramsés VIII. Como Tutancâmon, este rei reinou pouco tempo, apenas cinco anos (1136-1131 a.C.). Nenhuma estela recita seus triunfos, e nenhuma referência a ele foi encontrada exceto numa lista de príncipes, descendentes de Ramsés III, gravada numa parede de seu templo funerário em Medinet Habu, a oeste de Tebas. A tumba de Ramsés VIII escapou dos mais resolutos caçadores de tesouros modernos, e, portanto, é possível que tenha escapado dos antigos saqueadores.

Poucos nobres, sacerdotes e outros plebeus foram enterrados no Vale dos Reis. Alguns estudiosos acreditam que a tumba de Herihor, embora até agora não tenha sido encontrada, também tem de estar ali. Embora não fosse um faraó, foi uma figura importante no reinado de Ramsés XI. Foi um oficial do exército que alcançou o posto de sumo sacerdote e produziu uma combinação incomum de carreiras que o situaram no cume do poder e da riqueza, um *status* que sua tumba e seu conteúdo poderiam muito bem refletir.

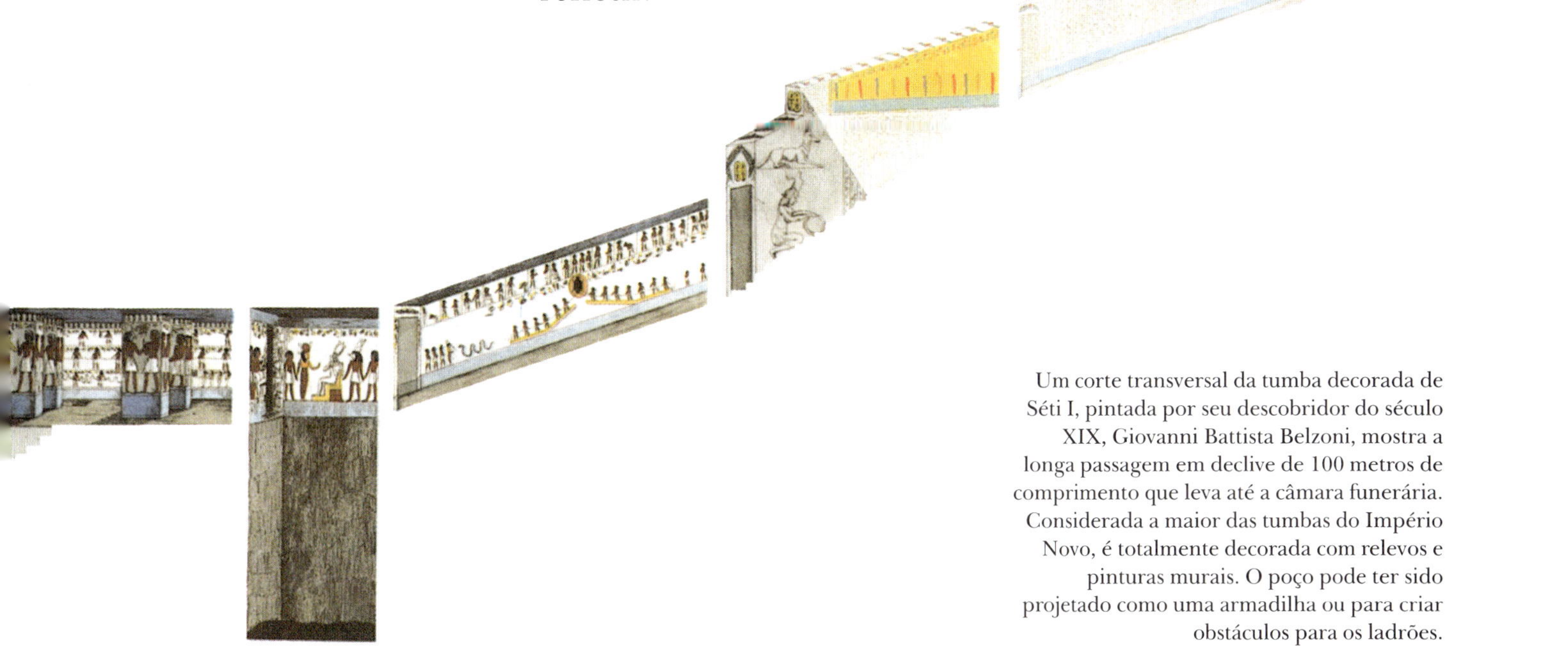

Um corte transversal da tumba decorada de Séti I, pintada por seu descobridor do século XIX, Giovanni Battista Belzoni, mostra a longa passagem em declive de 100 metros de comprimento que leva até a câmara funerária. Considerada a maior das tumbas do Império Novo, é totalmente decorada com relevos e pinturas murais. O poço pode ter sido projetado como uma armadilha ou para criar obstáculos para os ladrões.

As tumbas exploradas há tempos ainda podem proporcionar alguns tesouros. Muitos escavadores primitivos cavaram túneis estreitos através dos escombros, retiraram os objetos mais acessíveis ou artisticamente interessantes e seguiram adiante, deixando uma grande quantidade para trás. Recentemente, por exemplo, na tumba de Ramsés VI, pela qual passam diariamente milhares de pessoas, um arqueólogo revolveu casualmente num buraco pouco profundo num canto de uma das câmaras e encontrou uma estatueta do faraó. E em algumas destas tumbas, inundações periódicas ao longo dos tempos enterraram, embora conservando mais que danificando, antigos restos. A água da chuva penetrou nelas, depois escoou rapidamente depositando um fino limo que formou uma barreira parecida com o cimento contra o oxigênio, as bactérias e outros agentes de decomposição. Muitas coisas de valor ainda podem ser encontradas entre os restos negligenciados de tumbas escavadas apressada e superficialmente no passado.

Mesmo as tumbas mais proeminentes e visitadas ainda podem conter objetos de valor. Debaixo do chão do que se supunha que fosse a câmara funerária da tumba de Séti I há uma escada que leva para baixo até uma passagem longa obstruída pelos escombros. Giovanni Battista Belzoni, o descobridor da tumba, arrastou-se 90 metros através deste túnel até que se viu detido por uma parede de escombros. Ninguém ultrapassou esse obstáculo. Há várias teorias acerca da passagem, entre elas a do arqueólogo norte-americano Kent R. Weeks, que recentemente seguiu a rota de Belzoni através do túnel. Weeks especula que em sua extremidade é possível que se encontre a câmara funerária real, enquanto a outra foi posta ali simplesmente para enganar os ladrões. Um sarcófago encontrado por Belzoni numa das supostas câmaras funerárias pode ter pertencido a um membro da família do faraó, antes que ao próprio faraó; outras tumbas, como a de Merenptah, o sucessor de Ramsés II, continham ao que parece dois sarcófagos. E a múmia de Séti foi encontrada não em sua tumba, mas no famoso esconderijo de 1881, onde foi escondida pelos antigos sacerdotes ansiosos para salvar os despojos dos faraós cujas tumbas estavam sendo profanadas pelos ladrões.

Em 1986, Weeks começou a explorar uma tumba cuja entrada foi observada um século antes, mas que mais tarde foi escondida com cascalho. Weeks acreditava que a tumba, que era conhecida apenas como KV5, podia encontrar-se perto da entrada do Vale dos Reis, talvez sob o estacionamento utilizado pelos ônibus dos turistas. Ali, nas imediações da tumba de Ramsés II, os egiptólogos tinham especulado que podiam estar enterrados alguns dos príncipes descendentes do prolífico faraó. Weeks chamou a Vincent Murphy, um geofísico de Massachusetts hábil na exploração subterrânea, para que o ajudasse a encontrar a tumba.

Num esforço por salvar a mais bela tumba do Vale das Rainhas, a da rainha Nefertari, uma equipe italiana de restauradores trabalha em alguns murais que começam a descamar. Iniciados em 1986, os seis anos de trabalho foram patrocinados pela Organização de Antigüidades Egípcia e pelo Instituto de Conservação J. Paul Getty.

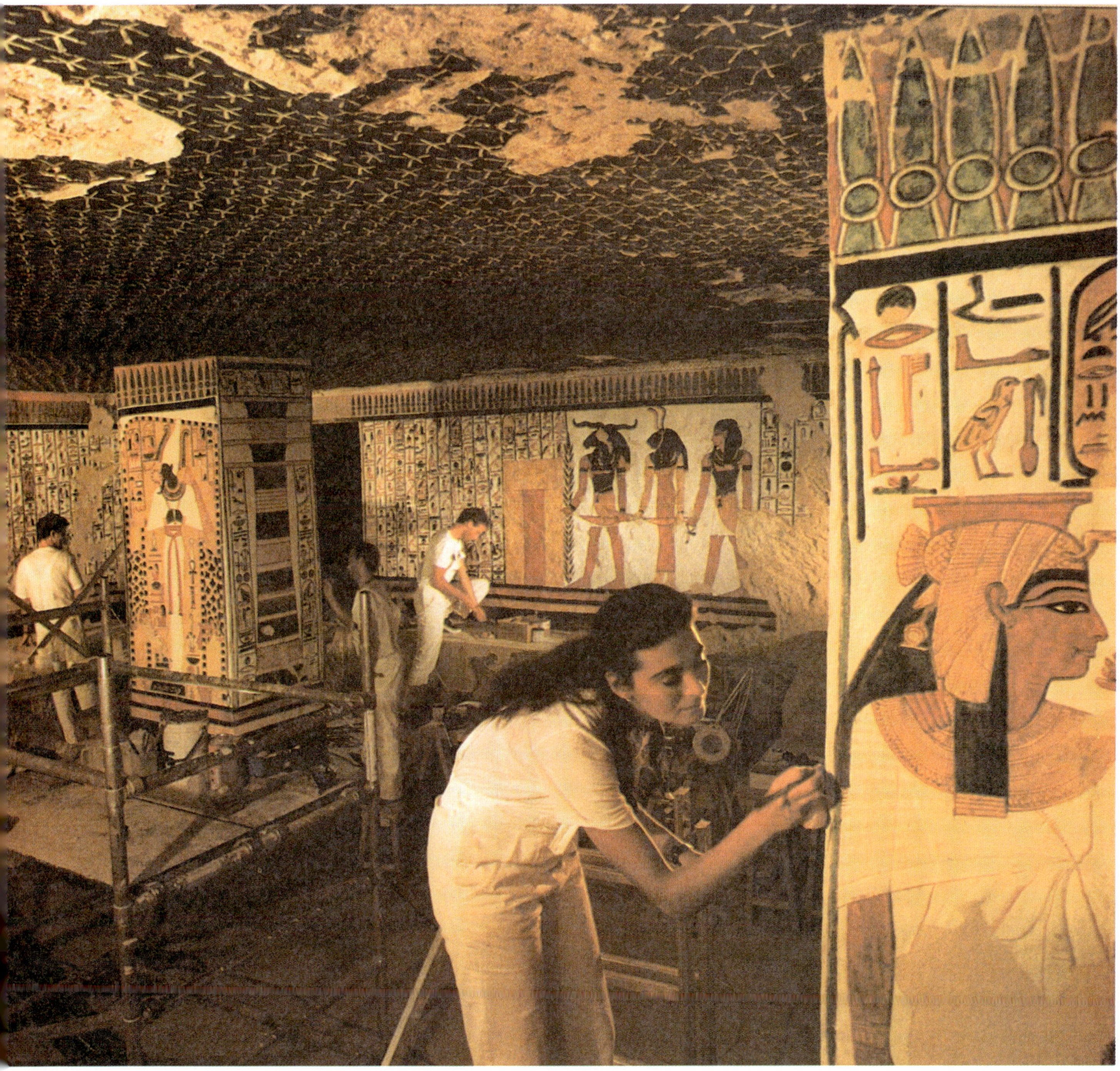

Murphy, patrocinado pelo financista de Nova York, Bruce Heafitz, levou ao Egito três tipos de sensores eletrônicos para penetrar na superfície da terra e revelar todos os segredos que esta pudesse esconder. Um era um radar de baixa freqüência que envia sinais através do solo e registra os ecos à medida que ricocheteiam e voltam. Esses impulsos de retorno são alterados, conforme tenham passado através de camadas de areia, argila ou rocha, e também pela profundidade de cada camada. O segundo sensor era um dispositivo sísmico como os usados para medir os terremotos. Os dois instrumentos tinham sido utilizados com sucesso em outros sítios arqueológicos, mas apenas o terceiro tipo — um magnetômetro — demonstrou ser efetivo ali, nos áridos penhascos de pedra calcária do Vale dos Reis. Este sensível instrumento manual reage às mudanças no campo magnético da Terra. Todas as rochas são levemente magnéticas, de modo que o magnetômetro pode medir este magnetismo e proporcionar uma "impressão digital" de um lugar determinado. Uma cavidade na rocha deixada pela entrada de uma tumba proporciona uma configuração magnética diferente daquela proporcionada por uma formação rochosa contínua. Murphy fez medições das entradas de tumbas conhecidas, depois esquadrinhou a região com seu magnetômetro para encontrar um sinal similar.

Após dois dias de explorações, Murphy estabeleceu um perímetro de aproximadamente 0,05 hectare. E de fato dentro deste espaço foi encontrada a entrada de uma tumba, exatamente a 45 metros do espaçoso complexo funerário de Ramsés II, sob o estacionamento. As paredes da câmara de entrada comprovaram que alguns dos filhos de Ramsés tinham sido enterrados realmente ali. O magnetômetro tinha localizado a tumba perdida havia muito tempo, mas foram necessários métodos — e intuição — tradicionais para realizar a escavação, sobretudo porque as câmaras foram cobertas praticamente até o teto com o lodo de inundações anteriores.

Foi uma sorte que a tumba tenha sido redescoberta, porque tinha sofrido sérios danos em suas câmaras de entrada desde os anos de 1960, quando foram postos encanamentos de água e esgoto sobre a abóbada oculta, e outros atrasos teriam arruinado mais relevos de gesso que já estavam caindo das paredes. Um dos encanamentos do Albergue do Vale dos Reis — uma cafeteria construída originalmente para os turistas que vinham em massa à cripta de Tutancâmon desde sua descoberta — tinha estado vertendo parte de seu conteúdo no interior da tumba durante 20 anos.

Um versículo do Livro dos Mortos nas paredes do féretro mais interno de Tutancâmon diz: "Sou o ontem, conheço o amanhã". A descoberta, na infância da arqueologia, da pródiga tumba do rei-menino pressagia a esperança de encontrar alguma outra, ainda intacta, talvez num futuro próximo. Se este lugar existe no Vale dos Reis, o uso de sensores eletrônicos reforça a possibilidade de sua descoberta. Mas estes dispositivos apenas mostram anomalias no terreno. Podem lançar seus bips diante da presença da porta de uma tumba, mas as qualidades particulares de um Carter — audácia, teimosia, criatividade e intuição, afinadas pelo treinamento e pela experiência — serão ainda necessárias para as grandes descobertas egípcias do futuro.

O TUTANCÂMON PESSOAL

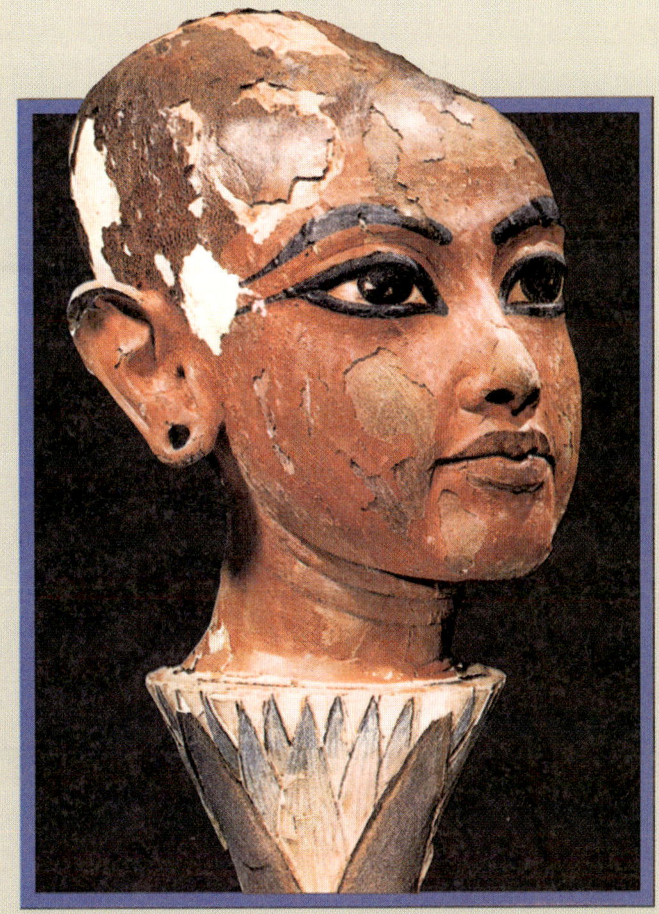

Com suas jóias, vestido e sentado em seu trono de tamanho infantil, com suas pequenas mãos segurando o cajado e o látego reais, Tutancâmon deve ter causado admiração entre seus condescendentes súditos mesmo sendo um menino de nove anos, a idade em que foi designado faraó. Mas fora do alcance do público e no enclausurado mundo de sua família, o rei-deus devia ser simplesmente uma criança, que brincava com suas irmãs e aprendia a ler e escrever, e mais tarde um adolescente concentrado na roupa, nos esportes e no amor.

Embora a identidade de seus pais seja incerta, acredita-se que Tutancâmon foi filho do faraó Aquenaton e de Kiya, uma rainha menor. Suas feições infantis aparecem na cabeça de madeira acima e mostram-no como o menino deus-sol Rá ao nascer, surgindo de um lótus azul. O exame de sua múmia revelou que, como adulto jovem, tinha ossos pequenos e media 1,63 metro de altura.

A delicada ossada do rei não pode ser atribuída a uma alimentação deficiente. O conteúdo de sua tumba reflete uma dieta alimentar composta de pães e bolos feitos de trigo e cevada, e alimentos ricos em proteínas como lombo de boi e costeletas de carneiro, temperadas com condimentos e adoçadas com mel. Como sobremesa havia tâmaras, figos, uvas, amêndoas e frutos de palmeira. Talvez saboreasse também semente de melancia; foram encontrados 11 cestos cheios delas. E foi amplamente aprovisionado para a outra vida com pelo menos 30 grandes jarras de vinho de safra.

O reinado de Tutancâmon foi dominado por poderosos adultos que exigiam sua aquiescência em seus planos de reviver os antigos deuses que tinham sido deixados de lado por Aquenaton em favor de uma divindade única, o Aton. Morreu aos 18 anos de idade. O indício de um golpe em seu crânio sugeria que sua morte foi resultado de um acidente; também produziu especulações de que teria sido assassinado.

Quando a tumba de Tutancâmon foi aberta três mil anos mais tarde, seus queridos pertences foram fotografados um por um (todas as fotos em preto e branco destas páginas fazem parte desse registro). Em vez de rolos proclamando façanhas poderosas, havia cenas artisticamente fixadas de felicidade doméstica e temas de lazer. Os detalhes mundanos de sua existência foram desnudados; entre os elaborados adereços havia abundantes reservas da roupa de baixo do jovem faraó.

O REI-MENINO NO ESTUDO E NO JOGO

O jovem atraente cujas feições de querubim foram moldadas em ouro à direita deve ter encantado toda sua família. É fácil visualizar a pequena figura de Tutancâmon percorrendo os atalhos do jardim do Palácio da Margem Norte de Akhetaton, a capital, ou concentrado no antigo jogo de tabuleiro do senet. Deve ter continuado, já adulto, a jogar estes jogos, quatro dos quais o acompanharam a sua tumba.

Não restou nenhum registro de seus resultados acadêmicos da infância, mas provavelmente começou sua educação aos quatro anos como faziam os outros meninos egípcios da nobreza, aprendendo primeiro a ler, depois a escrever. Uma grande quantidade de material de escrita foi posto em sua tumba. Na outra vida, acreditava seu povo, um faraó serve como escriba do deus sol.

O nome do rei decora a caixa oval abaixo. Os três hieróglifos da parte superior, que formam o nome do deus Amon, encontram-se situados na posição mais importante. O pássaro ladeado pelas bisnagas de pão é lido *tut*, e a sua esquerda está o *ankh,* que significa “vida”. Na última fileira, o cajado, interpretado como “governante”, é acompanhado por dois símbolos que representam a cidade de Tebas.

Os pingentes de ouro abaixo, encontrados na caixa da esquerda e que mostram sinais de desgaste pelo uso, enfeitaram o rei na infância, como era costume entre as crianças egípcias de sua época. Em algumas figuras entalhadas do faraó é possível ver os orifícios nos lóbulos das orelhas.

Marchetada com desenhos geométricos em marfim em todo seu encosto, a cadeira de ébano de tamanho infantil abaixo é similar em estilo ao trono de adulto do rei. Descansa sobre patas de leão, com as garras de marfim. Painéis de folha de ouro nos lados mostram plantas e íbis descansando.

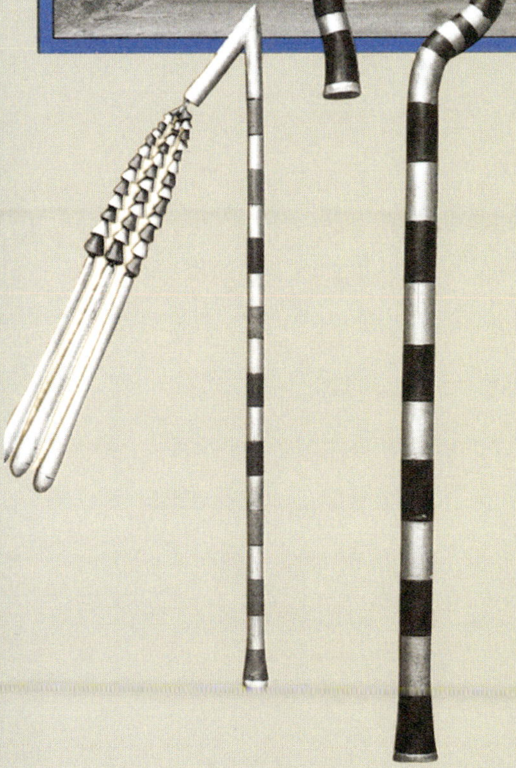

Nas ocasiões oficiais, o rei-menino segurava um pequeno cajado e um látego, que representavam o governo divino. A base do látego traz a forma primitiva de seu nome, Tutankhaton, o qual sugere que este pode ter sido o látego que segurou em sua coroação. Foi encontrado na caixa mostrada aqui, com as marcas dos arqueólogos em seu lugar.

ESPORTES DE UM ADOLESCENTE REAL

Os interesses adolescentes de Tutancâmon são variações dos que conhecemos dos adolescentes de hoje: colecionava objetos diversos, adorava conduzir suas carruagens e, apesar do físico aparentemente franzino, dedicava-se com entusiasmo a esportes como a natação, a pesca e a caça. Além de caçar aves aquáticas, lebres, gazelas, íbis, antílopes e avestruzes, é possível que também fosse atrás dos poderosos e perigosos hipopótamos.

Quando era criança, Tutancâmon praticou a caça e a guerra com um arco em miniatura de 30 centímetros de comprimento. No momento de sua morte, o rei tinha adquirido 46 arcos, o mais longo deles medindo 1,8 metros. Cerca de 400 flechas foram enterradas com ele, junto com uma quantidade de clavas, bumerangues e punhais. Seis carruagens também o acompanharam à tumba; quatro delas eram veículos de estado, construídos de madeira revestida com ouro e decorados com relevos e incrustações de cristal. Os dois mais velozes eram especialmente adequados para as manobras rápidas durante a caça.

Um bastão ornamental com dois cativos, um núbio e um asiático, amarrados juntos *(abaixo)* era um dos aproximadamente 130 bastões para andar depositados na tumba do rei, cada um diferente dos outros. É provável que Tutancâmon os colecionasse como diversão. Entre varas de ébano, marfim, prata e ouro havia uma de simples junco. Sugere que, enquanto passeava junto ao Nilo um dia, o rei-menino decidiu fazer ele mesmo um bastão. Com faixas de ouro em cima e embaixo, a vara traz uma orgulhosa inscrição: "Um junco que sua majestade cortou com suas próprias mãos".

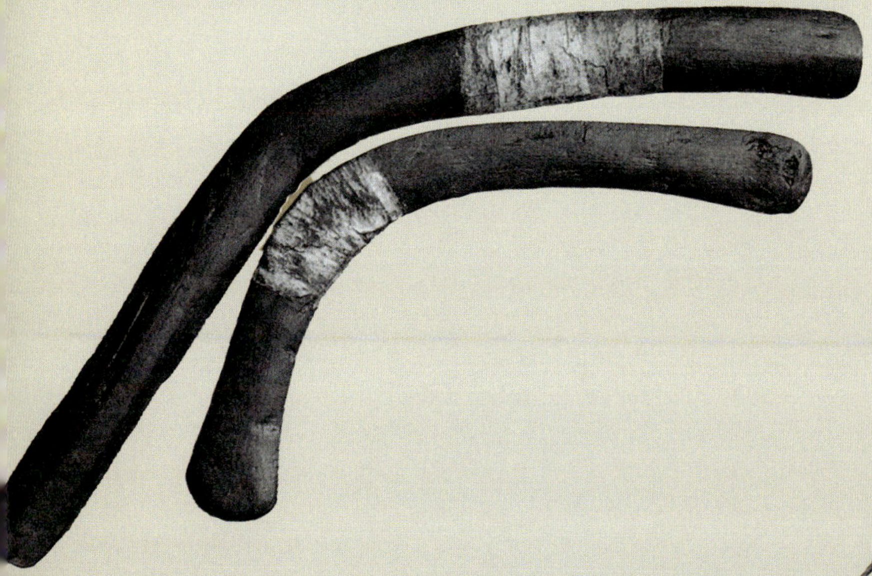

Estes bumerangues de marfim podem ter sido usados para caçar aves, mas também tinham outra função: Na outra vida, podiam ser arremessados contra os pássaros do mal.

Descoberta enrolada em linho, uma estátua dourada mostra o rei como o deus Hórus (*direita*) matando o deus Séti, representado como um hipopótamo. Um caçador autêntico dessa época teria se pendurado sobre seu barco de papiro e arpoado o hipopótamo, depois arrastado o animal até a margem para matá-lo.

Este leque de ouro conta sua própria história na imagem gravada em relevo. Enquanto caçava, o rei obteve as plumas de avestruz que outrora decoraram a borda do leque.

O FARAÓ EM SEU VESTIÁRIO

O ato de vestir o faraó era um ritual que ocorria diante de poucos cortesãos privilegiados. O quanto Tutancâmon estava bem equipado para cumprir este dever é atestado pela profusão de objetos da tumba: roupa, sandálias, colares, jóias, um par de caixas de espelho e um manequim de madeira de tamanho natural com o rosto do rei, cortado nos quadris e por cima dos ombros. Seu corpo estava pintado de branco para imitar uma camisa, e provavelmente era utilizado para exibir roupa ou elaborados colares preciosos.

Sob o habitual saiote que chegava até os joelhos, o faraó vestia uma tanga triangular de linho *(ao fundo à direita)* amarrada à cintura. Foram encontradas mais de cem delas, todas cuidadosamente empilhadas, algumas junto com saiotes. O saiote padrão era um retângulo de linho enrolado em volta da cintura, preso na frente com a longa ponta que ia sobre o resto disposto em pregas.

Às vezes o rei vestia camiseta, enfeitada com bordados na linha do pescoço. Até mesmo esta peça tão simples representava um investimento significativo de trabalho; a confecção de uma de suas camisas infantis, segundo algumas estimativas, empregava 3.000 horas.

As luvas eram raras e apenas a classe superior as usava. Os 27 pares de Tutancâmon surpreenderam os fabricantes de luvas contemporâneos, porque eram costuradas com alguns pespontos desconhecidos até serem reinventados no século XVIII. A luva de criança de linho fino *(ponta inferior direita)* é amarrada no pulso.

Como outros egípcios preocupados com a aparência, o jovem faraó delineava diariamente seus olhos com *kohl*, uma pasta de malaquita moída dissolvida em líquido e mantida num recipiente com espátula para *kohl* feita de madeira, cristal e marfim da parte superior direita. Debaixo há uma caixa cosmética de marfim com forma de pato que se abre com dobradiças.

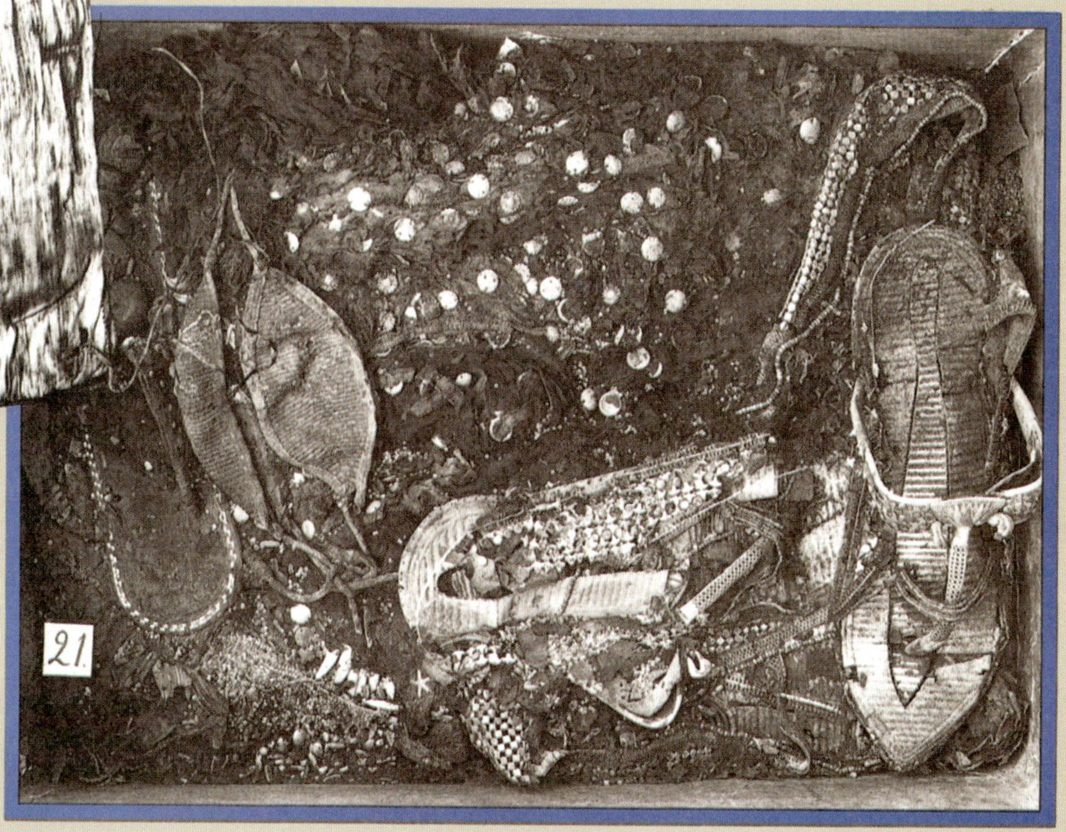

Dois pares de sandálias e um par de sapatilhas, tudo isto de couro finamente elaborado e decorado com ouro, estavam no cofre da direita. Também foi encontrada uma luva de linho com os dedos descobertos (*acima*), usada para conduzir carruagens.

O nome do rei que emerge de um lótus de cristal azul debaixo de três discos solares de coralina decora a tampa da caixa do espelho abaixo, modelada como um *ankh*, o hieróglifo que significa vida. Os ladrões de tumbas roubaram a lâmina polida de prata ou de ouro em forma de pêra que servia como superfície refletora.

MOMENTOS DE INTIMIDADE E AMOR

Tutancâmon e sua única rainha, Ankhesenamon, trocam olhares de afeto, numa cena marchetada em marfim na tampa de um ataúde da tumba refinadamente decorado. A rainha sorridente e levemente vestida entrega ramalhetes gêmeos de flores de lótus a seu marido, que se inclina em sua direção, com a mão estendida em sinal de boas-vindas. Estas delicadas cenas de intimidade aparecem em numerosos artefatos.

Quase quatro anos mais velha que seu noivo pré-adolescente, Ankhesenamon, terceira filha de Aquenaton e Nefertiti, casou-se com Tutancâmon no momento da coroação dele. Talvez tenha conquistado seu afeto no começo do casamento sustentando-o na difícil transição da adolescência para a realeza. E os vínculos devem ter se tornado mais profundos quando o casal enfrentou duas vezes à tragédia da perda dos filhos no parto.

Mais tarde, quando a tumba de seu marido estava a ponto de ser lacrada, a chorosa viúva colocou, ao que parece, uma lembrança — uma coroa de flores de milho — sobre a tampa dourada de seu segundo ataúde *(abaixo à direita)*. Visto que estas flores florescem de março a abril, e os preparativos do enterro levaram 70 dias, as flores revelam que Tutancâmon deve ter morrido durante o agradável inverno egípcio.

As múmias de dois fetos femininos, que se supõe fossem os filhos de Tutancâmon e Ankhesenamon, foram encontradas uma ao lado da outra. Uma criança tinha sobrevivido a cinco meses de gestação; o segundo pode ter morrido ao nascer.

O sudário de cima, com grinaldas de luto, cobria o segundo de três ataúdes. Ao erguê-lo, Howard Carter teve o primeiro vislumbre do rosto do jovem faraó modelado em ouro (*página seguinte*).

TRÊS MIL ANOS DE GLÓRIA AO SOL

Durante mais de 3.000 anos, o sinuoso Nilo e seu extenso delta sustentaram uma das mais antigas civilizações conhecidas, uma cultura de extraordinária sofisticação e maturidade. Sob o governo de reis de sucessivas — e às vezes simultâneas — dinastias, o antigo Egito ascendeu e manteve sua grandeza durante a maior parte de sua existência. Os pontos culminantes de sua surpreendente história são apresentados a seguir, junto com os nomes de alguns de seus mais destacados governantes.

PERÍODO DINÁSTICO PRIMITIVO
2920-2575 a.C.

DJOSER

I DINASTIA 2920-2770
II DINASTIA 2770-2649
III DINASTIA 2649-2575
Djoser

As raízes da civilização egípcia remontam a cerca de 9000 a.C., quando as chuvas na região do Nilo, mais abundantes que hoje, fomentaram um fértil vale fluvial e savanas nas duas margens. Os caçadores e coletores migrantes convergiram gradualmente ao longo do curso d'água enquanto os territórios exteriores evoluíam em direção às areias quentes dos desertos leste e oeste. No ano 5000 a.C., a agricultura tinha se desenvolvido e o povo tinha se assentado em povoados. Duas claras regiões políticas foram emergindo gradualmente: o Baixo Egito, no delta, e o Alto Egito, ao longo do corredor verde do rio. Por volta de 3000 a.C., ou até mesmo antes, o Alto Egito conquistou seu vizinho do norte, unificando a nação e dando origem a I Dinastia. Reverenciados e remotos, os faraós deste período primitivo eram considerados como reis-deuses. Durante a III Dinastia, Djoser *(acima)* ergueu a Pirâmide Escalonada, a primeira dos vários magníficos monumentos que viriam a seguir.

IMPÉRIO ANTIGO
2575-2134 a.C.

QUÉFREN

IV DINASTIA 2575-2465
Quéops
Quéfren
Menkauré
V DINASTIA 2465-2323
Unas
VI DINASTIA 2323—2150
Pépi I
Pépi II
VII E VIII DINASTIAS 2150-2134

A cultura egípcia floresceu durante a IV Dinastia, um período de riqueza e estabilidade que anunciou a primeira grande era do país, o Império Antigo. As pirâmides de Gizé e a Esfinge — que leva o rosto do rei Quéfren (*acima*) — são façanhas arquitetônicas da época sem paralelo; o comércio e as belas artes também floresceram, e uma linguagem escrita, expressa em hieróglifos, era extensamente utilizada pela elite. Durante a V Dinastia, a coroa começou a perder sua aura de autoridade à medida que crescia o culto do deus sol, diluindo o poder do faraó. Ao final da VI Dinastia, a nobreza tinha se expandido e se tornado independente, e finalmente o Império Antigo desintegrou-se em baronatos rivais.

PRIMEIRO PERÍODO INTERMEDIÁRIO
2134-2040 a.C.

ESCUDO DE COURO DE VACA

IX E X DINASTIAS
(heracliopolitana) 2134-2040
XI DINASTIA
(Tebana antes da unificação do país) 2134-2040

No início do Primeiro Período Intermediário, os faraós tiveram pouco poder, e a guerra civil e a anarquia debilitaram o Egito. O escudo de couro de vaca de cima foi o tipo usado durante as guerras civis. Finalmente, a IX e X Dinastias chegaram a governar todo o Egito, mas nobres beligerantes em Tebas não demoraram a declarar-se herdeiros legítimos do trono, fundando sua própria dinastia. Como reinos separados acumularam força, e ocorreram freqüentes e violentos choques entre eles ao longo das fronteiras. Durante o Primeiro Período Intermediário o desenvolvimento cultural do Egito primeiro declinou, para então ressurgir.

IMPÉRIO MÉDIO
2040-1640 a.C.

NEBHEPETRE MENTUHOTEP

XI DINASTIA
(após a unificação do país)
2030-1991
XII DINASTIA 1991-1783
XIII DINASTIA 1783-1640
XIV DINASTIA
(dinastia separada que governou simultaneamente com a XIII e a XV Dinastias)

O rei da XI Dinastia tebana, Nebhepetre Mentuhotep, unificou o Egito, erguendo o pano de fundo sobre o Império Médio. Os reis deste período cultivaram a lealdade de sua burocracia centralizada, reduzindo à insignificância os senhores provinciais. Também atenderam às necessidades do povo. Milhares de novos hectares foram postos em uso graças à irrigação, o comércio foi estimulado e a arte prosperou. Entre os deuses, Osíris, senhor do outro mundo, adquiriu grande importância e seu culto expandiu-se, atraindo tanto ricos quanto pobres. O culto do deus sol Rá continuou popular.

SEGUNDO PERÍODO INTERMEDIÁRIO 1640-1550 a.C.

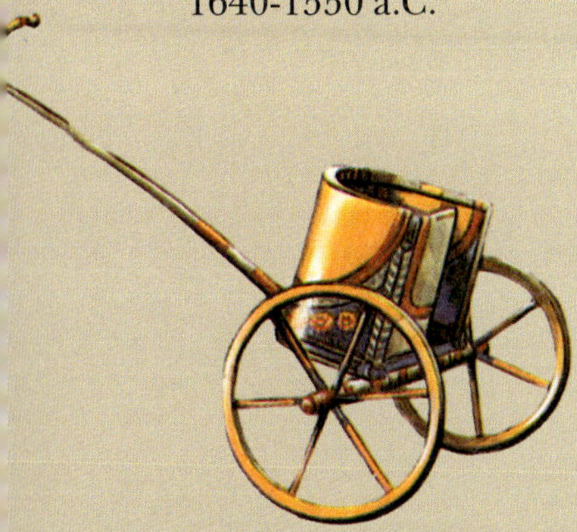

CARRUAGEM

XV (hicsos), XVI E XVII DINASTIAS 1640-1550 a.C. (num país dividido, os reis destas dinastias governaram simultaneamente uns aos outros)

Por razões desconhecidas, o Império Médio desmoronou. O Egito caiu de novo na desordem, e a coroa do faraó passou rapidamente de um rei para outro. Enquanto isso, os hicsos da Palestina apoderaram-se da região do delta, fundando a XV Dinastia, que dominou o país durante décadas. Finalmente, os tebanos da XVI Dinastia declararam guerra e, com ajuda de seus cavalos e carruagens, uma nova e letal peça de equipamento militar procedente do Oriente Próximo (*acima*), libertaram o delta da dominação estrangeira, anunciando o Império Novo.

IMPÉRIO NOVO 1550-1070 a.C.

TUTANCÂMON

XVIII DINASTIA 1550-1307
Tutmés III
Hatshepsut
Amenhotep III
Aquenaton
Tutancâmon
Horemheb
XIX DINASTIA
1307-1196
Séti I
Ramsés II
XX DINASTIA 1196-1070
Ramsés III-XI

Determinados a não permitir que o Egito fosse novamente humilhado em mãos estrangeiras, os faraós do Império Novo lutaram para edificar um autêntico império. Enquanto pilhagens e escravos do Oriente Próximo chegavam ao país, o Egito cresceu de novo rico e mais cosmopolita que nunca, abandonando muitos de seus antigos costumes. As riquezas encontradas na tumba do rei-menino Tutancâmon (*acima*) atestam o esplendor da época. Ocorreu um renascimento na pintura e na arquitetura, com muitas obras dedicadas a Amon, o deus de Tebas, cuja primazia foi brevemente desafiada durante o reinado de Aquenaton, o faraó herege.

TERCEIRO PERÍODO INTERMEDIÁRIO 1070-712 a.C.

UREUS DUPLO

XXI DINASTIA
1070-945
XXII DINASTIA 945-712 (líbia)
XXIII DINASTIA *c.* 828-712 (líbia)
XXIV DINASTIA 724-712
XXV DINASTIA
(área núbia e tebana) 770-712
(Egito fragmentado politicamente durante este período; dinastias rivais sobrepostas)

Os invasores do norte e do leste despedaçaram o império palestino do Egito do Império Novo, enquanto em casa o poder e o prestígio do trono diminuíam, a burocracia afundava na corrupção, e bandos de soldados aterrorizavam a população. Finalmente, o Egito dividiu-se em dois; os militares conquistaram o poder no Alto Egito, apoderando-se do sacerdócio de Amon, enquanto uma dinastia de comerciante tomava o controle do delta. Depois, dinastias de origem líbia governaram todo o Egito até que foram por sua vez destituídas pelos exércitos da Núbia, uma nação ao sul. Os reis da nova dinastia, a XXV, traziam um ureus duplo (víbora sagrada) em suas coroas (*acima*) para simbolizar o domínio conjunto do Egito e da Núbia.

PERÍODO TARDIO 712-332 a.C.

NECTANEBO II

XXV DINASTIA (a Núbia e todo o Egito) 712-657
XXVI DINASTIA 664-525
XXVII DINASTIA (persa) 525-404
XXVIII DINASTIA 404-399
XXIX DINASTIA 399-380
XXX DINASTIA 380-343
Nectanebo II SEGUNDO PERÍODO PERSA 343-332

Durante o século VII a.C., os assírios invadiram o Egito, lançando incursões e destruindo suas grandes cidades. Uma nova dinastia de origem egípcia, a XXVI, subiu ao poder, incrementando o comércio e as artes durante um breve interlúdio de tranqüilidade. Mas em 525 a.C. os persas lançaram-se contra as fronteiras do país, englobando o Egito no império persa e fundando a XXVII Dinastia. As Dinastias XXVIII a XXX (que incluiu Nectanebo II, *acima*) abrangeu os últimos governantes egípcios independentes. Depois os persas restaurados destruíram a independência egípcia de uma vez por todas. Mas até mesmo a poderosa Pérsia estava indefesa diante de Alexandre Magno, que conquistou o império persa — e o Egito — em 332 a.C., assinalando o fim desta civilização épica.

AGRADECIMENTOS

Os editores desejam agradecer às seguintes pessoas e instituições pela ajuda na preparação deste volume: Guillemette Andreu, Ingenieur d'études au CNRS, Paris; Carol Andrews, Departamento de Egiptologia, Museu Britânico, Londres; Christophe Barbotin, Département des Antiquités Egyptiennes, Museu do Louvre, Paris; Patrice Bret, Paris; Jacques Chateauminois, Vif (Isère); Eve Cockburn, Detroit, Michigan; Jarrett Cohen, National Center for Supercomputing Applications, Champaign, Illinois; Deanna Cross, Museu Metropolitano de Arte, Nova Iorque; Rosalie David, Manchester Museum, Manchester, R.U.; Christiane Desroches-Noblecourt, Inspecteur General des Musées Honoraire, Paris; Michel Dewachter, Ingenieur de Recherches au CNRS, Paris; Mary Doherty, Museu Metropolitano de Arte, Nova Iorque; Anna Maria Donadoni Roveri, Museo Egizio, Turim; Guido Fino, Turim; Jean-Claude Golvin, Directeur de Recherches au CNRS, Paris; Zahi A. Hawass, Diretor-Geral das Pirâmides de Gizé e Saqqara, Cairo; Marsha Hill, Museu Metropolitano de Arte, Departamento Egípcio, Nova Iorque; Rosalind Janssen, Petrie Museum, Londres; Yves Jocteur-Montrozier, Conservateur, Bibliothèques Municipales, Grenoble; Michael Jones, American Research Center, Cairo; Joachim Karig, Ägyptisches Museum SMPK, Berlim; Hannelore Kischkewitz, Ägyptisches Museum, Staatliche Museen zu Berlin; Heidi Mein, Bildarchiv Preussischer Kulturbesitz, Berlim; Rolf Krauss, Ägyptisches Museum SMPK, Berlim; Jean-Philippe Lauer, Paris; David Lawrence, National Center for Supercomputing Applications, Champaign, Illinois; Mark Lehner, Oriental Institute, Chicago, Illinois; Briony Llewellyn, Londres; Peter Manuelian, Museu de Belas Artes, Seção Egípcia, Boston; Vincent J. Murphy, Weston Geophysical Corporation, Westborough, Massachusetts; Charles Newton, Victoria and Albert Museum, Londres; Diana Patch, Brooklyn, Nova Iorque; Franz Rutzen, Verlag Philipp von Zabern, Mainz; Bettina Schmitz, Roemer und Pelizaeus Museum, Hildesheim; Elisabetta Valtz, Museo Egizio, Turim; Terence Walz, American Research Center no Egito, Cairo; Kent R. Weeks, Universidade Norte-americana do Cairo, Projeto de Cartografia de Tebas, Seattle, Washington; Hag Ahmed Youssef Moustafa, Cairo.

CRÉDITOS DAS ILUSTRAÇÕES

As fontes para as ilustrações deste volume estão relacionadas a seguir. Os créditos da esquerda para a direita estão separados por pontos e vírgulas; os de cima para baixo por travessões.

6, 7: O. Luz, ZEFA, Londres. 8: Jon e Anne Abbott. 11: Metropolitan Museum of Art Excavations 1919-1920, Rogers Fund, complementado por contribuições de Edward S. Harkness (2); Metropolitan Museum of Art, neg. #MC 27. 12, 13: Cortesia dos Fideicomissários do Museu Britânico, Londres; Erich Lessing/Culture and Fine Arts Archive, Viena. 14, 15: Erich Lessing/Culture and Fine Arts Archive, Viena. 16: Coleção particular, cortesia Bibliothèque Municipale de Grenoble; desenho de Time- Life Books – Bibliothèque Nationale, Paris. 18, 19: De *The Rape of the Nile* por Brian Fagan, Charles Scribner's Sons, Nova Iorque, 1975 – de *Narrative of the Operations and Recent Discoveries within the Pyramids, Temples, Tombs, and Excavations, in Egypt and Nubia* (Vol. 1) por Giovanni Battista Belzoni, John Murray, Londres, 1822. 20-24: John Romer, Cortona, Itália. 27: Foto Roemer und Pelizaeus Museum, Hildesheim – Jon e Anne Abbott. 28: De *The Royal Mummies* por G. Elliot Smith, 1912 (Musée du Caire)/cortesia Ashmolean Museum, Oxford. 29: Fotografia de Expedição Egípcia, Metropolitan Museum of Art, neg. #TAA 1241 B. 30, 31: John Romer, Cortona, Itália. 34, 35: Peter Clayton, Londres/ pintura por David Roberts. 36, 37: Réunion des Musées Nationaux, Paris. 38, 39: Peter Clayton, Londres/pintura por David Roberts. 40, 41: Pintura por David Roberts, cortesia Peter Nahum, Londres. 42, 43: Peter Clayton, Londres/ pintura por David Roberts. 44: Brian Brake/Photo Researchers, Nova Iorque. 46, 47: Brian Brake/Photo Researchers, Nova Iorque – Foto Claus Hansmann/Staatliche Sammlung Ägyptischer Kunst, Munich. 49: Escavação Reisner, cortesia Museum of Fine Arts, Boston. 50, 51: Foto Jurgen Liepe, Museu Egípcio, Cairo. 53: Fred J. Maroon. 54: Cortesia Oriental Institute of the University of Chicago; Museum of Fine Arts, Boston. 56, 57: John Ross, Cortona, Itália. 58: Barry Iverson, Cairo, cortesia EAO, Gizé. 61: De *The Boat beneath the Pyramid* por Nancy Jenkins, fotografias de John Ross, Thames and Hudson, Londres, 1980/cortesia Hag Ahmed Youssef Moustafa, EAO, Cairo. 62, 63: John Ross, Cortona, Itália (3) – de *The Boat beneath the Pyramid* por Nancy Jenkins, fotografias de John Ross, Thames and Hudson, Londres, 1980/ cortesia Hag Ahmed Youssef Moustafa, EAO, Cairo (2) – desenho de Time-Life Books de *The Boat beneath the Pyramid* por Nancy Jenkins, fotografias de John Ross, Thames and Hudson, Londres, 1980/ cortesia Hag Ahmed Youssef Moustafa, EAO, Cairo (2) – John Ross, Cortona, Itália. 64, 65: De *The Boat beneath the Pyramid* por Nancy Jenkins, fotografias de John Ross, Thames and Hudson, Londres, 1980/cortesia Hag Ahmed Youssef Moustafa, EAO, Cairo – desenho de Time-Life Books; John Ross, Cortona, Itália – por Victor R. Boswell, Jr., © National Geographic Society. 67: Cortesia Oriental Institute of the University of Chicago. 69: Museum of Fine Arts, Boston. 70: Susan Dirkt/Seattle Art Museum. 73: Fred J. Maroon. 74, 75: Por O. Louis Mazzatenta, © National Geographic Society. Desenho em ouro de Fred Holz. 76: Desenho de Fred Holz. 77: G. Dagli Orti, Paris – Fred J. Maroon – Susan Lapides/ Woodfin Camp, N.Y. 78, 79: Fred J. Maroon; desenho de Fred Holz. 80: Erich Lessing/Culture and Fine Arts Archive, Viena. 83: Eberhard Thiem, Lotos Film, Kaufbeuren-Jean-Claude Golvin, Paris. 84: Desenho de Time-Life Books. 85: Brian Brake/Photo Researchers, Nova Iorque; Jean-Claude Golvin, Paris. 86, 87: Fred J. Maroon. 88, 89: Erich Lessing/ Culture and Fine Arts Archive, Viena; Brian Brake/Photo Researchers, Nova Iorque. 90: De *Akhenaten: Pharaoh of Egypt–A New Study* por Cyril Aldred, Thames and Hudson, Londres, 1988. 91: Werner Forman Archive, Londres. 92: Ägyptisches Museum SMPK, Berlim. 93: Foto Jurgen Liepe, Verlag Philipp von Zabern, Mainz. 94, 95: John Ross, Cortona, Itália – Erich Lessing/ Culture and Fine Arts Archive, Viena. 96: Metropolitan Museum of Art, doação de Norbert Schimmel, 1985 (1985.328.1). 97: Erich Lessing/Culture and Fine Arts Archive, Viena. 98: Cortesia dos Fideicomissários da Biblioteca Britânica, Londres. 99: Foto Jurgen Liepe, Verlag Philipp von Zabern, Mainz. 100, 101: Desenho de Time-Life Books – Foto, M. Busing/Ägyptisches Museum SMPK, Berlim; Foto Jurgen Liepe,

Museu Egípcio do Cairo; Eberhard Thiem, Lotos Film, Kaufbeuren; Foto M. Büsing/Ägyptisches Museum SMPK, Berlim. 103: Joachim Willeitner, Rijksmuseum van Oudheden, Leiden. 105: Jon e Anne Abbott. 106, 107: Cliché CEA, Paris, de *The Royal Mummies* por G. Elliot Smith, 1912 (Musée du Caire)/cortesia Ashmolean Museum, Oxford; de *The Tombs of Iouiya and Touiya* por Theodore M. Davis *et al.*, Archibald Constable, Londres, 1907 (2). 108: De *The Royal Mummies* por G. Elliot Smith, 1912 (Musée du Caire)/cortesia Ashmolean Museum, Oxford; raios X James E. Harris. 109: Cambridge University Press, cortesia Eve Cockburn (2); James E. Harris – C. Ganet, MCR. 110: De *The Royal Mummies* por G. Elliot Smith, 1912 (Musée du Caire)/cortesia Ashmolean Museum, Oxford; raios X James E. Harris (2). 111: Foto M. Büsing/Ägyptisches Museum SMPK, Berlim; fotografia da Expedição Egípcia, Metropolitan Museum of Art (2). 112: Manchester Museum, Universidade de Manchester. 113: Museum of Fine Arts, Boston. 114, 115: Dc *The Royal Mummies* por G. Elliot Smith, 1912 (Music du Caire)/cortesia Ashmolean Museum, Oxford. 116: Fotografia da Expedição Egípcia, Metropolitan Museum of Art, neg. #TAA 55 – Foto Jurgen Liepe, Museu Egípcio do Cairo. 118: De *The Complete Tutankhamun* por Nicholas Reeves, Thames and Hudson, Nova Iorque, 1990. 119: Fotografia da Expedição Egípcia, Metropolitan Museum of Art, neg. #TAA 812. 121: De *The Complete Tutankhamun* por Nicholas Reeves, Thames and Hudson, Nova Iorque, 1990, desenho de Ian Bott.122, 123: Griffith Institute, Oxford. 124: De *Das Ägyptische Museum Kairo* por Peter Riesterer e K. Lambelet, Kummerly & Frey Geographischer Verlag, Berna, 1975; Griffith Institute, Oxford. 126-128: Lee Boltin. 129: Cortesia dos Fideicomissários do Museu Britânico, Londres – Erich Lessing/Culture and Fine Arts Archive, Viena – Cortesia dos Fideicomissários do Museu Britânico – Ashmolean Museum, Oxford. 130, 131: Lee Boltin – Fotografia da Expedição Egípcia, Metropolitan Museum of Art, neg. #TAA 485 – Fotografia da Expedição Egípcia, Metropolitan Museum of Art, neg. #TAA 487. 132: Museu Egípcio do Cairo – John Ross, Cortona, Itália – Fitzwilliam Museum, Cambridge; Agyptisches Museum SMPK, Berlim. 133: Andreas Brodbeck, Forsch – G. Dagli Orti/IGDA, Milão, cortesia Museo Egizio, Turim. 135: Fondo copiado por G. Lovera, cortesia Museo Egizio, Turim; Museo Egizio, Turim. 136, 137: G. Dagli Orti/IGDA, Milão, cortesia Museo Egizio, Turim; Electa, Milão: Istituto Bancario S. Paolo, Turim; Museo Egizio, Turim (2) – G. Dagli Orti/ IGDA, Milão, cortesia Museo Egizio, Turim – Museo Egizio, Turim; G. Dagli Orti/ IGDA, Milão, cortesia Museo Egizio, Turim (2); Electa, Milão: Istituto Bancario S. Paolo, Turim; Museo Egizio, Turim (2), fundo Museo Egizio, Turim. 138, 139: Electa, Milão: Istituto Bancario S. Paolo, Turim; Museo Egizio, Turim – Electa, Milão: Istituto Bancario S. Paolo, Turim – Museo Egizio, Turim, fundo Museo Egizio, Turim. 140: Cortesia dos Fideicomissários do Museu Britânico, Londres. 142, 143: Andreas Brodbeck, Forsch. 144, 145: De *Plates from Researches and Operations in Egypt and Nubia,* 1820, cortesia Peter Clayton. 146, 147: Gaillarde Francolon/Gamma, Paris. 149: Robert Harding Picture Library, Londres. 150: Griffith Institute, Oxford (2); Fotografia da Expedição Egípcia, Metropolitan Museum of Art, neg. #TAA 425; Lee Boltin. 151: Fotografia da Expedição Egípcia, Metropolitan Museum of Art, neg. #TAA 233 – Fotografia da Expedição Egípcia, Metropolitan Museum of Art, neg. #TAA 609; Lee Boltin. 152, 153: Fotografia da Expedição Egípcia, Metropolitan Museum of Art, neg. #TAA 149 – Robert Harding Picture Library, Londres; Fotografia da Expedição Egípcia, Metropolitan Museum of Art, neg. #TAA 893 – Fotografia da Expedição Egípcia, Metropolitan Museum of Art, neg. #TM 5; Griffith Institute, Oxford; Lee Boltin. 154: Griffith Institute, Oxford; Fotografia da Expedição Egípcia, Metropolitan Museum of Art, neg. #TAA 192. 155: Griffith Institute, Oxford (2); Kodansha, Tokio, cortesia Museu Egípcio do Cairo; Fotografia da Expedição Egípcia, Metropolitan Museum of Art, neg. #TAA 509 – Fotografia da Expedição Egípcia, Metropolitan Museum of Art, neg. #TAA 809; Fotografia da Expedição Egípcia, Metropolitan Museum of Art, neg. #TAA 821. 156: Kodansha, Tokio, cortesia Museu Egípcio do Cairo – Griffith Institute, Oxford; Fotografia da Expedição Egípcia, Metropolitan Museum of Art, neg. #TAA 381; Fotografia da Expedição Egípcia, Metropolitan Museum of Art, neg. #368. 157: Fotografia da Expedição Egípcia, Metropolitan Museum of Art, neg. #TM 1350. 158-159: Desenho de Paul Breeden.

BIBLIOGRAFIA

LIVROS

Aldred, Cyril:

Akhenaten: King of Egypt. Londres: Thames and Hudson, 1988.

Akhenaten: Pharaoh of Egypt–A New Study. Nova Iorque: McGraw-Hill, 1968.

Akhenaten and Nefertiti. Nova Iorque: Museu de Brooklyn em associação com The Viking Press, 1973.

The Egyptians. Londres: Thames and Hudson, 1984.

Andrews, Carol. *Egyptian Mummies.* Londres: British Museum Publications, 1990.

Baines, John, e Jaromir Málek. *Atlas of Ancient Egypt.* Nova Iorque: Facts On File Publications, 1985.

Belzoni, Giovanni Battista. *Narrative of the Operations and Recent Discoveries within the Pyramids, Temples, Tombs, and Excavations, in Egypt and Nubia* (2 vols.). Londres: John Murray, 1822.

Bierbrier, Morris. *The Tomb-Builders of the Pharaohs.* Nova Iorque: Charles Scribner's Sons, 1984.

Bille-De Mot, Eléonore. *The Age of Akhenaten.* Nova Iorque: McGraw-Hill, 1966.

Borchardt, Ludwig. *Portraits der Königin Nofret-ete aus den Grabungen 1912/13 in Tell El-Amarna.* Leipzig: Hinrichs, 1923.

Breasted, James H. *Ancient Records of Egypt* (Vol. 2). Portland, Ore.: International Specialized Book Services, 1988 (reimpressão da edição de 1906).

Bucaille, Maurice. *Mummies of the Pharaohs.* Trad. de Alastair D. Pannell and Maurice Bucaille. Nova Iorque: St. Martin's Press, 1990.

Carter, Howard, e A. C. Mace:

The Discovery of the Tomb of Tutankhamen. Nova Iorque: Dover Publications, 1977.

The Tomb of Tutankhamen (3 vols.). Londres: Cassell, 1923-1933.

Clayton, Peter A. *The Rediscovery of Ancient Egypt.* Nova Iorque: Portland House, 1990.

Cockburn, Aidan, and Eve Cockburn (eds.). *Mummies, Disease, and Ancient Cultures* (ed. condensada). Nova Iorque: Cambridge University Press, 1984.

Cooney, John D. *Amarna Reliefs from Hermopolis in American Collections.* Nova Iorque: Brooklyn Museum, 1965.

Cottrell, Leonard. *Lady of the Two Lands: Five Queens of Ancient Egypt.* Indianapolis: Bobbs- Merrill, 1967.

David, A. Rosalie:

The Egyptian Kingdoms. Nova Iorque: Peter Bedrick Books, 1988.

The Pyramid Builders of Ancient Egypt. Londres: Routledge & Kegan Paul, 1986.

David, A. Rosalie (Ed.). *Mysteries of the Mummies.* Londres: Cassell, 1978.

Denon, Vivant. *Travels in Upper and Lower Egypt* (Vol. 1). Trad. de Arthur Aikin. Nova Iorque: Arno Press, 1973 (reimpressão da edição de 1803).

Dewatcher, Michel. *Champollion.* N.p. Découvertes Gallimard Archeologie, 1990.

Donadoni, Anna Maria, et al. *Il Museo Egizio di Torino.* Novara, Itália: Istituto Geografico De Agostini, 1988.

Donadoni Roveri, Anna Maria (ed.). *Egyptian Civilization: Daily Life.* Milão: Electa, 1987.

Drower, Margaret S. *Flinders Petrie.* Londres: Gollancz, 1985.

Edwards, Amelia B. *A Thousand Miles up the Nile.* Boston: Joseph Knight, 1888.

Edwards, I. E. S:

The Pyramids of Egypt. Harmondsworth, U.K.: Penguin Books, 1985.

The Egyptian Mummy (University Museum Handbook #1). Filadélfia: University of Pennsylvania Museum, 1980.

Estes, J. Worth. *The Medical Skills of Ancient Egypt.* Canton, Mass.: Science History Publications, 1989.

Fagan, Brian. *The Rape of the Nile.* Nova Iorque: Charles Scribner's Sons, 1975.

Fakhry, Ahmed: *The Monuments of Snefru at Dahshur.* Cairo: Maslahat al-Athar, 1959.

The Pyramids. Chicago: University of Chicago Press, 1961.

Gordon, Cyrus H. *Forgotten Scripts: Their Ongoing*

Discovery and Decipherment. Nova Iorque: Basic Books, 1982.

Goyon, Georges. *Le Secret des Batisseurs des Grandes Pyramides: Keops.* Paris: Édition Pygmalion, 1977.

Goyon, Jean-Claude, e Patrice Josset. *Un Corps pour l'Éternité.* Paris: Éditions Le Léopard d'Or, 1988.

Greener, Leslie. *The Discovery of Egypt.* Nova Iorque: The Viking Press, 1966.

Hall, Rosalind. *Egyptian Textiles.* Aylesbury, R.U.: Shire Publications, 1986.

Hamilton-Paterson, James, e Carol Andrews. *Mummies: Death and Life in Ancient Egypt.* Londres: Collins, 1978.

Harris, James E., e Kent R. Weeks. *X-Raying the Pharaohs.* Nova Iorque: Charles Scribner's Sons, 1973.

Harris, James E., e Edward F. Wente (eds.). *An X-Ray Atlas of the Royal Mummies.* Chicago: University of Chicago Press, 1980.

Hart, George. *Ancient Egypt.* Nova Iorque: Alfred A. Knopf, 1990.

Hawass, Zahi A. *The Pyramids of Ancient Egypt.* Pittsburgh: Carnegie Museum of Natural History, 1990.

Hicks, Jim, e os Editores de Time-Life Books. *The Empire Builders* (Série Emergence of Man). Nova Iorque: Time-Life Books, 1974.

Hobson, Christine. *The World of the Pharaohs.* Nova Iorque: Thames and Hudson, 1987.

Hornung, Erik. *The Valley of the Kings: Horizon of Eternity.* Trad. de David Warburton. Nova Iorque: Timken Publishers, 1990.

Hoving, Thomas. *Tutankhamun: The Untold Story.* Nova Iorque: Simon and Schuster, 1978.

James, T. G. H.:

Ancient Egypt: The Land and Its Legacy. Londres: British Museum Publications, 1988.

Egyptian Painting and Drawing in the British Museum. Londres: British Museum Publications, 1989.

Excavating in Egypt. Chicago: University of Chicago Press, 1982.

Pharaoh's People. Scenes from Life in Imperial Egypt. Chicago: University of Chicago Press, 1984.

Jenkins, Nancy. *The Boat Beneath the Pyramid.* Londres: Thames and Hudson, 1980.

Kata, Norma J. *Hieroglyphs.* Nova Iorque: Atheneum, 1981.

Kemp, Barry J. *Ancient Egypt.* Nova Iorque: Routledge, Chapman & Hall, 1989.

Killen, Geoffrey. *Ancient Egyptian Furniture* (Vol. 1). Warminster, R.U.: Aris & Phillips, 1980.

Kitchen, K. A. *Pharaoh Triumphant: The Life and Times of Ramesses II, King of Egypt.* Warminster, R.U.: Aris & Phillips, 1982.

Landström, Björn. *Ships of the Pharaohs.* Nova Iorque: Doubleday, 1970.

Lauer, Jean-Philippe. *Saqqara: The Royal Cemetery of Memphis.* Londres: Thames and Hudson, 1976.

Lehner, Mark. *The Pyramid Tomb of Hetepheres and the Satellite Pyramid of Khufu.* Mainz am Rhein, Alemania: Philipp von Zabern, 1985.

Lepre, J. P. *The Egyptian Pyramids.* Jefferson, N.C.: McFarland, 1990.

Lipke, Paul. *The Royal Ship of Cheops* (BAR International Series 225). Greenwich, Conn.: National Maritime Museum, 1984.

Magi, Giovanna. *Egypt Rediscovered in 19th Century Pictures.* Florença: Casa Editrice Bonechi, 1988.

El Mahdy, Christine. *Mummies, Myth and Magic in Ancient Egypt.* Londres: Thames and Hudson, 1989.

Martin, Geoffrey T. *The Hidden Tombs of Memphis.* Londres: Thames and Hudson, 1991.

Mertz, Barbara. *Red Land, Black Land: Daily Life in Ancient Egypt.* Nova Iorque: Dodd, Mead, 1978.

National Geographic Society. *Ancient Egypt.* Washington, D.C.: National Geographic Society, 1978.

Nightingale, Florence. *Letters from Egypt: A Journey on the Nile, 1849-1850.* Londres: Barrie & Jenkins, 1987.

O'Connor, David. *A Short History of Ancient Egypt.* Pittsburgh: Carnegie Museum of Natural History, 1990.

Peck, William H. *Egyptian Drawings.* Nova Iorque: E. P. Dutton, 1978.

Petrie, Flinders. *Seventy Years in Archaeology.* Nova Iorque: Henry Holt, 1932.

Pope, Maurice. *Story of*

Decipherment. Londres: Thames and Hudson, 1975.

Putnam, James. *Egyptology.* Nova Iorque: Crescent Books, 1990.

Redford, Donald B. *Akhenaten: The Heretic King.* Princeton, N.J.: Princeton University Press, 1984.

Reeves, Nicholas. *The Complete Tutankhamun.* Nova Iorque: Thames and Hudson, 1990.

Romer, John. *Valley of the Kings.* Nova Iorque: Henry Holt, 1981.

Schiaparelli, Ernesto. *Relazione sui Lavori della Missione Archeologica Italiana in Egitto* (Vol. 2). Turim: R. Museu di Antichità, 1927.

Schussler, Karlheinz. *Die Ägyptischen Pyramiden.* N.p. Dumont Buchverlag, 1983.

Simoën, Jean-Claude. *Le Voyage en Egypte.* Paris: Editions Jean-Claude Lattès, 1989.

Smith, G. Elliot, e Warren R. Dawson. *Egyptian Mummies.* Nova Iorque: Kegan Paul International, 1991.

Smith, H. S., e Rosalind M. Hall (eds.). *Ancient Centres of Egyptian Civilization.* Londres: Kensal Press, 1983.

Spencer, A. J. *Death in Ancient Egypt.* Londres: Penguin Books, 1988.

Stadelmann, Rainer. *Die Grossen Pyramiden von Giza.* Graz: Akademische Druck-U. Verlagsanstale, 1990.

Stead, Miriam. *Egyptian Life.* Londres: British Museum Publications, 1989.

Twain, Mark. *The Innocents Abroad* Nova Iorque: New American Library, 1966.

Wilson, Hilary. *Egyptian Food and Drink.* Aylesbury, R.U.: Shire, 1988.

Winlock, Herbert E. *Excavations at Deir el Bahn 1911-1931.* Nova Iorque: Macmillan, 1942.

PUBLICAÇÕES PERIÓDICAS

Aspropoulos, Stavros. "Akhenaten: Hero or Heretic?" *Minerva* (Londres), maio/junho 1991.

El-Baz, Farouk. "Finding a Pharaoh's Funeral Bark." *National Geographic*, abril 1988.

Brock, Lyla Pinch. "Problems of the Great Sphinx." *KMT*, outono 1990.

Cox, Christopher. "Ramesses the Great." *The Sun* (Lowell, Mass.), 24 abril 1988.

Culliford, Barbara. "New Berth for Solar Bark." *Cairo Today*, julho 1982.

Der Manuelian, Peter. "Boston at Giza." *KMT*, inverno 1991. "Egypt Opens Renovated Giza Tombs to Visitors." *New York Times*, 4 novembro 1990.

Emery, Walter. "The Tombs of the First Pharaohs." *Scientific American*, julho 1957.

"From an Ancient Temple, New Secrets." *Newsweek*, 6 março 1989.

Gore, Rick. "Ramses the Great." *National Geographic*, abril 1991. Hagman, Harvey. "Serendipity in the Sands of Egypt." *Insight*, 5 junho 1989.

Hamblin, Dora Jane. "A Unique Approach to Unraveling the Secrets of the Great Pyramids." *Smithsonian*, abril 1986.

Iversen, Wesley R. "Today's Technology Unwraps Secrets of Yesterday's Mummified Mysteries." *Supercomputing Review*, janeiro 1991. *KMT*, verão 1991. *KMT*, inverno 1990/91.

Lehner, Mark. "Computer Rebuilds the Ancient Sphinx." *National Geographic*, abril 1991.

Lemonick, Michael D. "Perilous Times for the Pyramids." *Time*, 15 maio 1989.

Maugh, Thomas H. "Scrambling to Save the Sphinx." *Los Angeles Times*, 4 junho 1990.

Miller, Peter. "Riddle of the Pyramid Boats." *National Geographic*, abril 1988.

Peck, William H. "Miss Benson & Mut: The Short Egyptological Career of Englishwoman Margaret Benson at the Temple of Mut." *KMT*, primavera 1991.

Redford, Donald. "The Akhenaten Temple Project and Karnak Excavations." *Expedition* (Universidad de Pensilvania), inverno 1979.

Rutherford, John B. "Why Save the Tomb of Rameses II?" *KMT*, outono 1990.

Smith, Ray Winfield. "Computer Helps Scholars Re-Create an Egyptian Temple." *National Geographic*, novembro 1970.

Teeter, Emily. "Prince, Priest, Egyptologist Kaemwaset." *KMT*, inverno 1990.

Wilford, John Noble. "At Pyramids, Clues to Laborers' Lot Emerge." *New York Times*, 11 julho 1989.

OUTRAS FONTES

"The Akhenaten Temple Project Newsletter." Número 1, janeiro 1991.

"Bulletin: Museum of Fine Arts, Boston." Vol. 68, número 354, 1970.

Hawass, Zahi A. "The Pyramids of Ancient Egypt." Panfleto. Pittsburgh: Carnegie Museum of Natural History, 1990.

MUSEUS

Ägyptisches Museum, Munique
Ägyptisches Museum SMPK, Berlim
Ashmolean Museum, Oxford
Fitzwilliam Museum, Cambridge
Griffith Institute, Oxford
Manchester Museum, Inglaterra
Metropolitan Museum of Art, Nova Iorque
Museu Britânico, Londres
Museu de Brooklyn, Nova Iorque
Museu de Luxor, Lúxor
Museu do Barco do Sol, Gizé
Museu Egípcio, Cairo
Museo Egizio, Turim
Museum of Fine Arts, Boston
Réunion des Musées Nationaux, Paris
Roemer-und Pelizaeus-Museum, Hildesheim
University of Pennsylvania Museum, Filadélfia